Plongées en Méditerranée, Côte d'Azur

SOMMAIRE

LES AUTEURS

Jean-Claude Baudouin *(moniteur deuxième degré) nourrit depuis plus de quarante ans une véritable passion pour la Méditerranée, sa faune, sa flore et son histoire. Ses lieux de plongées favoris sont la Corse, la Côte d'Azur et la Provence •*

Patrick Fixois *(niveau III) photographie les fonds marins depuis 1987. Il a reçu deux titres de champion de France de photo sous-marine et subaquatique et plusieurs prix internationaux (dont le dernier à Tabarka, en Tunisie, en 2001) •*

Michel Grisez *(niveau III) découvre il y a près de dix ans la magie de l'univers sous-marin. Passionné d'histoire, il se consacre depuis, en collaboration avec Jean-Claude Baudoin, à la rédaction d'ouvrages dédiés au monde aquatique •*

Plongées en Méditerranée, Côte d'Azur

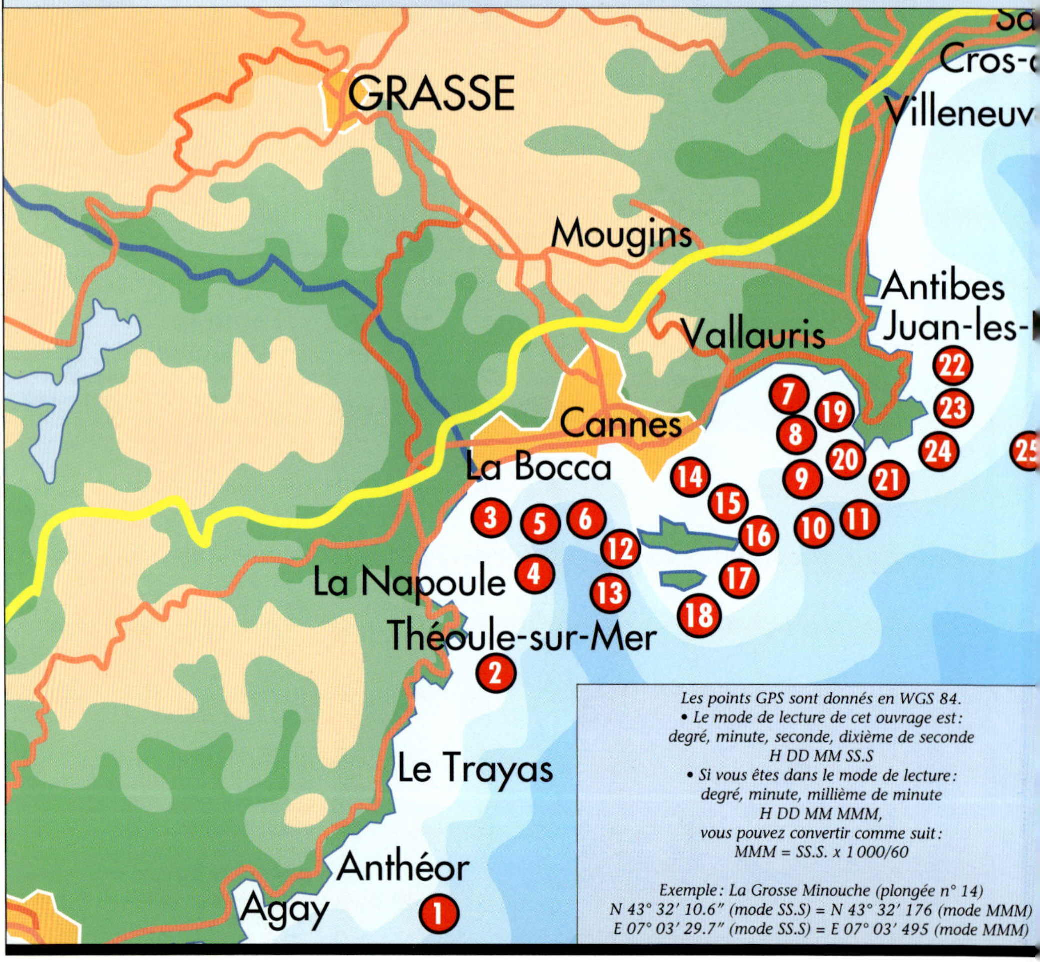

Les points GPS sont donnés en WGS 84.
• Le mode de lecture de cet ouvrage est : degré, minute, seconde, dixième de seconde H DD MM SS.S
• Si vous êtes dans le mode de lecture : degré, minute, millième de minute H DD MM MMM, vous pouvez convertir comme suit : MMM = SS.S. x 1 000/60

Exemple : La Grosse Minouche (plongée n° 14)
N 43° 32' 10.6" (mode SS.S) = N 43° 32' 176 (mode MMM)
E 07° 03' 29.7" (mode SS.S) = E 07° 03' 495 (mode MMM)

Menton
Roquebrune-Cap-Martin
44 42 43 45 46 47
Monte-Carlo
41
MONACO
Èze 40 Cap-d'Ail
NICE 31 32 Villefranche-sur-Mer
39
30 33
26 37
Mont Boron 29 34 Saint-Jean-Cap-Ferrat
38
27 28 35
Laurent-du-Var 36
Cagnes
oubet
Èze 40 Cap-
NICE
Villefranche-su
31 32 39
30 33
26 37
nt Boron 29 34 Saint-Jean-Ca
27 28 35 38
36
urent-du-Var

ESTÉREL - CANNES

La pointe de l'Aiguille sur la corniche de l'Estérel •

LES PÉNICHES D'ANTHÉOR

1

Des obus de la Seconde Guerre mondiale

La balise de la Chrétienne est renommée pour ses sites antiques, mais aussi pour les péniches coulées par un sous-marin anglais, qui gisent depuis 1944 entre 25 m et 32 m sur un fond de sable et de posidonies.

Localisation GPS
N 43° 25' 19.3"
E 06° 54' 17.2"
Système WGS 84
H DD MM SS.S

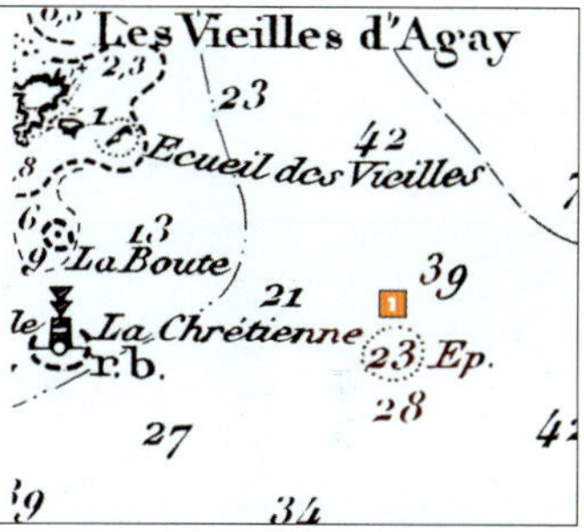

D'après la carte du SHOM n° 6954

***Une murène** à la recherche de sa nourriture •*

Niveau requis
Niveau II.

Conditions
Site ouvert à tous les vents; souvent beaucoup de forts courants.

Accès
Par bateau.

Affrétés en convoi de munitions (principalement des obus) par les Allemands pendant la dernière guerre mondiale, la *Jean-Suzon* et le *Saint-Antoine* ont été envoyés au fond par un sous-marin anglais. Situées à 800 m à l'est de la balise de la Chrétienne, qui a été le témoin de nombreux naufrages pendant l'Antiquité, les deux péniches reposent depuis 1944 entre 25 m et 32 m de fond sur du sable coquillier. Vue de face, la proue de l'un de ces chalands – qui sont en permanence habités par des congres de belle taille, des murènes, ainsi que des chapons – évoque un casque de guerrier grec. Depuis peu, les plongeurs-démineurs de la Marine nationale dégagent les obus des péniches en les pétardant; malheureusement, ces opérations modifient le site et lui enlèvent beaucoup de son attrait. Aux dires de certains plongeurs, une troisième péniche n'aurait toujours pas été retrouvée à ce jour… Avis aux amateurs !

***Un chapon** confiant dans son camouflage •*

LA VAQUETTE

2

Haut lieu du débarquement de Provence

Si cette plongée est tranquille par temps calme, lors du débarquement de Provence, les commandos français n'ont pas eu la chance de goûter à cette sérénité, puisqu'ils furent en partie décimés. Les vestiges de cette époque sont peu visibles car concrétionnés aux rochers.

Localisation
N 43° 29' 00.0"
E 06° 57' 14.4"
Points calculés sur carte au mode de lecture H DD MM SS.S

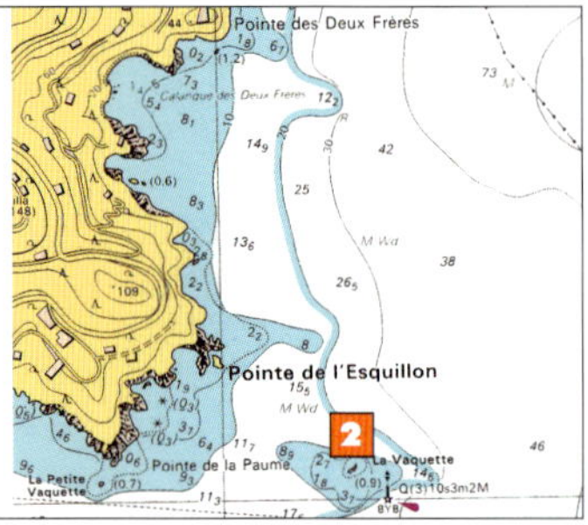

D'après la carte du SHOM n° 7205 S

Gorgones jaunes
par 25 m de fond •

Niveau requis
Tous niveaux.

Conditions
Plongée délicate lorsque se lève le mistral, le ponant ou le vent d'est.

Accès
Par bateau.

Dans la nuit du 14 au 15 août 1944, lors du débarquement de Provence, soixante-sept hommes du groupe naval d'assaut français ont payé un lourd tribut pour avoir été les premiers soldats alliés à mettre le pied sur le sol provençal au cap de l'Esquillon, en face de la Vaquette. Ces militaires se sont en effet retrouvés coincés dans un champ de mines, à la merci des tirs de mitrailleuses allemands. Signalée par une balise verte, la roche de la Vaquette émerge à 400 m environ au large de l'Esquillon. La profondeur de la plongée varie entre 10 m et 35 m. Jusqu'à 25 m de fond, on rencontre des gorgones jaunes ; viennent ensuite des gorgones bleues, plutôt petites et espacées. À environ 28 m de profondeur, vous découvrirez une petite grotte, avec une ébauche de cheminée, dont la partie sud-est est la plus intéressante.

Des vestiges
de la Seconde Guerre mondiale •

LA FOUILLÉE ET LE PETIT JARDIN

3

L'une de ces têtes porte l'ancre du souvenir

Ce site fait partie de plusieurs têtes de roches situées à l'ouest du port de Cannes, et dont la profondeur varie entre 40 m environ pour les bases et 9 m pour les têtes. Tous les noms de ces sites sont mentionnés sur les cartes SHOM n° 7205.

Localisation GPS
N 43° 32' 33.7"
E 07° 00' 17.1"
Système WGS 84
H DD MM SS.S

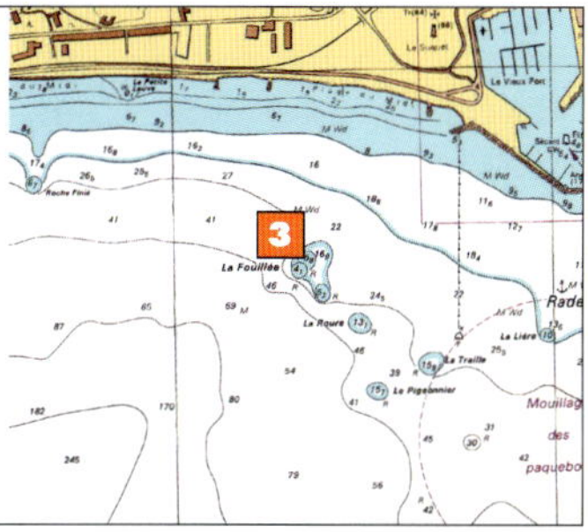

D'après la carte du SHOM n° 7205 S

La Fouillée, dont la profondeur va de 7 m à 40 m, est un site de plongée composé de deux têtes. La plus intéressante, au nord, est parfois habitée par un mérou, dans la zone des éboulis vers 15 m de fond. Sur la partie est de cette même tête, une ancre sur un socle en béton est érigée à la mémoire d'un plongeur disparu il y a quelques années sur un autre site. Plongée agréable, dans les nuages de castagnoles et autres bugues et mendoles.
Dans la partie sud-ouest de la seconde tête (au sud), une succession de roches qui s'étagent de 40 m à 60 m de profondeur, appelée « le Petit Jardin », abrite de nombreux anthias.

Exploration d'un tombant •

Mendole •

Niveau requis
Tous niveaux pour la Fouillée ; niveau III pour le Petit Jardin.

Conditions
Site abrité de la houle et du vent d'est modérés.

Accès
Par bateau.

LE PIGEONNIER

4

Un environnement exceptionnel

Drôle de nom pour un sec! Si l'on n'y rencontre pas de pigeons, on peut y voir des merles – gros labres de couleur bleu nuit –, ainsi que les éternels goélands et mouettes qui se disputent les détritus flottant en surface. Très beau site moins fréquenté que les autres.

Localisation GPS
N 43° 32' 19.8"
E 07° 00' 28.0"
Système WGS 84
H DD MM SS.S

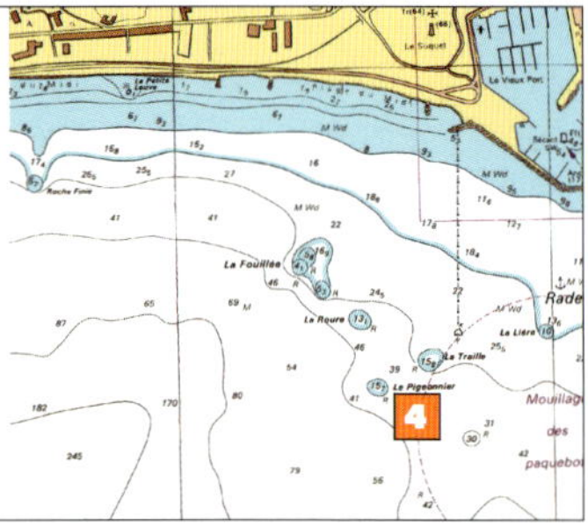

D'après la carte du SHOM n° 7205 S

***Apogons** sur fond de gorgones •*

Une première tête, qui va de 16 m à 33 m de profondeur, présente au sud une roche séparée qui amène à 50 m de fond sur le sable coquillier. Au-dessus de cette tête, souvent visitée par des barracudas de belle taille, et dont la vie fixée est principalement constituée de spongiaires et de gorgones jaunes, tournoie un nuage de castagnoles. Une langue de sable coquillier la sépare d'une seconde roche (de 25 m à 47 m de profondeur), dont la partie ouest est particulièrement attractive, avec son tombant parsemé de failles et de trous où s'épanouissent corail rouge et gorgones bleues. La faune y est riche et variée : des mostelles dans leurs trous, des chapons placides et des sars en maraude cohabitent avec les anthias. Des axinelles (*Axinella polypoides*), superbes éponges jaune-orangé, dressent fièrement leur silhouette ramifiée vers la surface, tandis qu'au pied du tombant de très fines gorgones blanches (*Eunicella verrucosa*) vivent fixées sur des cailloux.

Bucarde épineuse •

Niveau requis
Niveau II.

Conditions
Site abrité de la houle et du vent d'est modérés.

Accès
Par bateau.

LA ROURE

5

Une « décharge » datant du XVIIIe siècle

Des gorgones bleues et jaunes de toute beauté côtoient des débris de poteries datant peut-être de la grande peste de 1720, dite « peste de Marseille »: sur ce site, l'horreur rejoint le sublime.

Localisation GPS
N 43° 32' 31.7"
E 07° 00' 19.7"
Système WGS 84
H DD MM SS.S

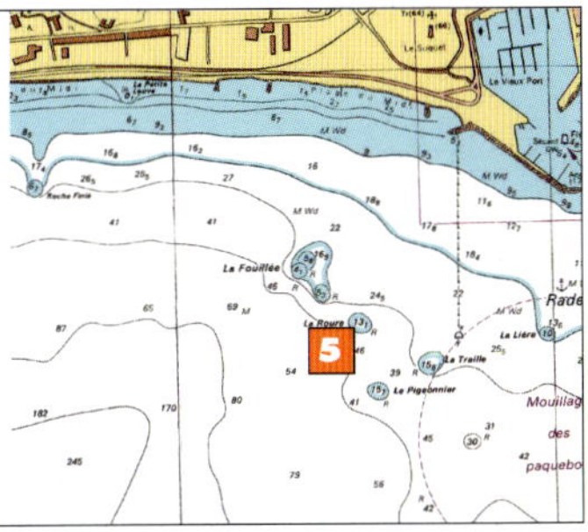

D'après la carte du SHOM n° 7205 S

Baudroie •

Niveau requis
Tous niveaux.

Conditions
Site abrité de la houle et du vent d'est modérés.

Accès
Par bateau.

Bouteille de gin
du XVIIIe siècle •

La tête et la base de ce site de plongée se situent respectivement à 9 m et 50 m de profondeur. À partir de 22 m, de gracieuses gorgones bleues s'accrochent aux rochers. À 50 m de fond environ, on découvre sur le sable des morceaux de poteries épars, bien qu'à notre connaissance aucune épave ne se trouve dans cette zone. Il n'est pas impossible que ces tessons céramiques soient des éléments des décharges datant de la grande peste de 1720, dite « peste de Marseille », amenée par le *Grand Saint-Antoine*, bateau en provenance du Moyen-Orient (on trouve aussi ce type de décharge historique du côté de Nice).

Au printemps, lorsque les baudroies remontent des grands fonds, il n'est pas rare d'en rencontrer une à moitié enfouie dans le sable, dans l'attente de son futur déjeuner…

LA TRAILLE

6

Tout près de la zone d'entraînement des sapeurs-pompiers

Avec la Traille, nous clôturons notre inventaire des sites de plongées situés face à Cannes, bien qu'il y en existe d'autres, comme la roche Finié, localisée plus à l'ouest.
Sur ce secteur de plongée, il est possible de passer d'une roche à l'autre : attention à l'orientation !

Localisation GPS
N 43° 32' 27.8"
E 07° 00' 25.5"
Système WGS 84
H DD MM SS.S

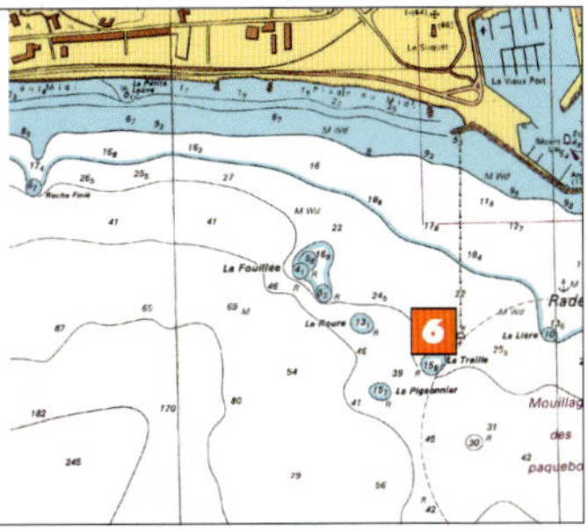

D'après la carte du SHOM n° 7205 S

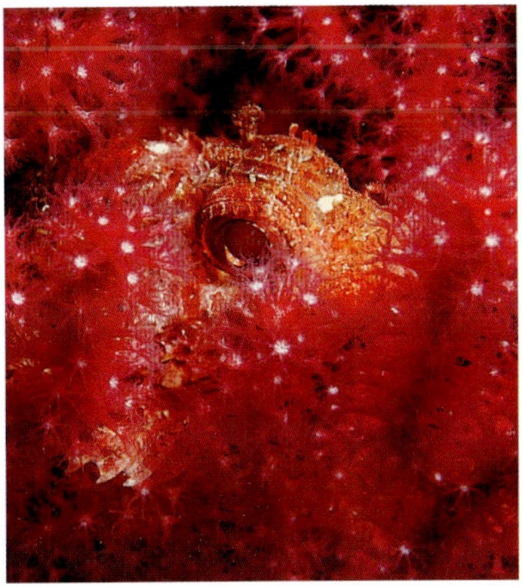

***Rascasse rouge** en plein mimétisme •*

Située plus à l'est que les autres sites du secteur, cette roche part de 40 m de profondeur sur le sable coquillier pour remonter jusqu'à 17 m de la surface. Complété par d'autres têtes, l'endroit permet une agréable exploration avec quelques gros blocs à la base de la roche, où résident parfois des congres ou des roussettes de belle taille. De nombreuses petites rascasses rouges habitent les trous et, sûres de leur mimétisme, se laissent toucher. Attention, les épines dorsales et des joues des rascasses et autres chapons sont venimeuses… À proximité, sur un lieu appelé « Rochebougne », vous découvrirez une grotte située à 34 m de profondeur, dont le fond se divise en deux couloirs : les sapeurs-pompiers de la ville de Cannes y effectuent régulièrement des exercices de sauvetage.

Niveau requis
Niveau II.

Conditions
Site abrité de la houle et du vent d'est modérés.

Accès
Par bateau.

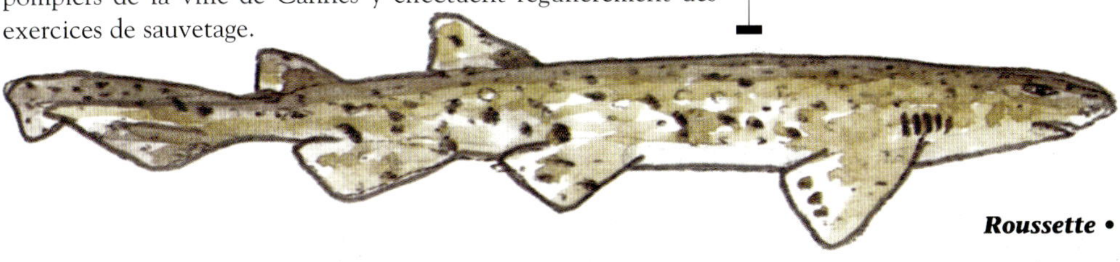

***Roussette** •*

LE ROBUSTE II

7

Les restes d'un vieux serviteur

Bien que mentionné sur les cartes à une profondeur de 20,7 m, le *Robuste II* gît quelques mètres plus bas, à la limite d'une zone de mouillage interdit, face au port de Golfe-Juan. Malheureusement, petit à petit, cette épave se dégrade et s'ensable.

Localisation GPS
N 43° 32' 51.2"
E 07° 05' 07.9"
Système WGS 84
H DD MM SS.S

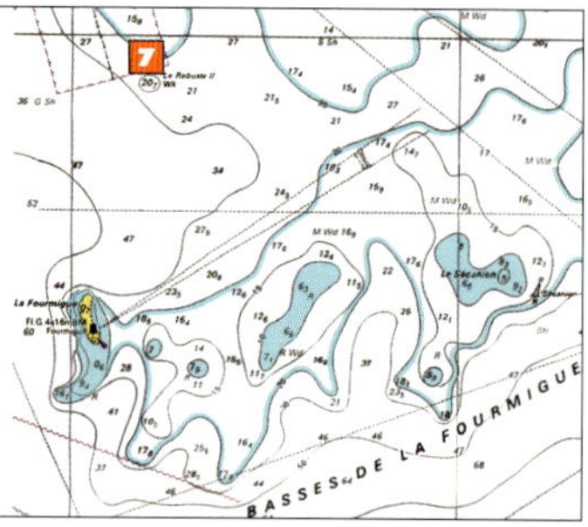

D'après la carte du SHOM n° 7205 S

Niveau requis
Niveau II.

Conditions
Site ouvert à tous les vents; la vase y est très volatile, éviter de trop palmer.

Accès
Par bateau.

***Cerianthe** dans l'attente de son repas •*

Coulé aux alentours de 1930, le *Robuste II* est un remorqueur en bois de 25 m de long, dont toutes les parties métalliques (ancres, treuil, hélice, etc.) sont encore visibles. La plongée s'effectue entre 25 m et 28 m de profondeur et, avec un peu de chance, vous rencontrerez des congres de belle taille. Le site étant peu fréquenté par les plongeurs, des baudroies et des barracudas ont pris l'habitude d'y séjourner. En outre, de nombreux murex tapissent le sable coquillier autour de l'épave.

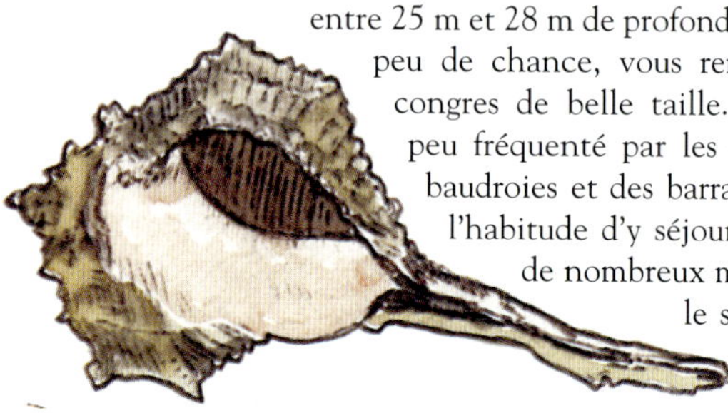

Murex épineux •

LA FOURMIGUE

8

Trois plongées possibles sur un même site

Impossible de la manquer: elle trône, impériale, en plein milieu du golfe Juan. Néanmoins, si vous rencontrez un problème de plongée ou une avarie de barre, spécifiez que vous êtes à la Fourmigue de Golfe-Juan, car il existe sur nos côtes d'autres rochers qui portent le même nom.

Localisation GPS
N 43° 32' 22.9"
E 07° 04' 58.9"
Système WGS 84
H DD MM SS.S

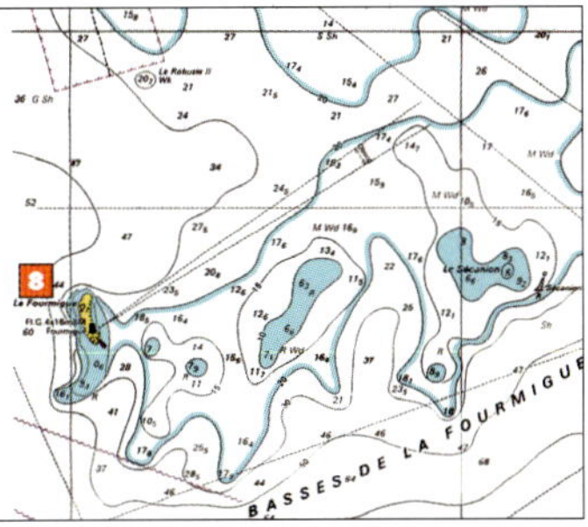

D'après la carte du SHOM n° 7205 S

Une daurade *noctambule* •

Niveau requis
Tous niveaux.

Conditions
Site exposé à tous les vents, principalement au vent d'est. Deux têtes de roches situées en dehors de la balise affleurent la surface: attention au mouillage!

Accès
Par bateau.

En provençal, le terme *fourmigue* désigne un rocher présentant un danger pour la navigation. Hormis quelques vestiges antiques que l'on peut encore découvrir entre la Tourelle, le Sécanion et la Fourmigue C (par 60 m de fond), c'est le village sous-marin, construit dans les années soixante pour les besoins d'un tournage, qui retiendra notre attention. Ce secteur abrite une faune particulièrement riche: sars, saupes, dentis, daurades, barracudas et poissons de roches, ainsi qu'une flore et une faune fixées remarquables. La profondeur va de 5 m à 45 m et plus si l'on suit le sable... En remontant vers le nord, on atteint un tombant recouvert de gorgones bleues et une arche située à 35 m de profondeur. Au milieu, par 20 m de fond, repose le village sous-marin, quelquefois traversé par des poulpes et des rascasses blanches (*Uranoscopus*). Au sud, à l'ouest de la balise, des « patates » et de gros blocs abritent en permanence de nombreux poissons. Au cours des paliers, admirez le beau reflet de la balise sur la surface de l'eau.

Un poulpe
en maraude •

LE PRIEUR

9

En mémoire du commandant...

On peut, si l'on aime palmer, passer du site du commandant Le Prieur à la Murène, puis à l'Enfer de Dante. Mais il est préférable de profiter pleinement de chaque site, chacun ayant son originalité.

Localisation GPS
N 43° 32' 19.1"
E 07° 05' 00.5"
Système WGS 84
H DD MM SS.S

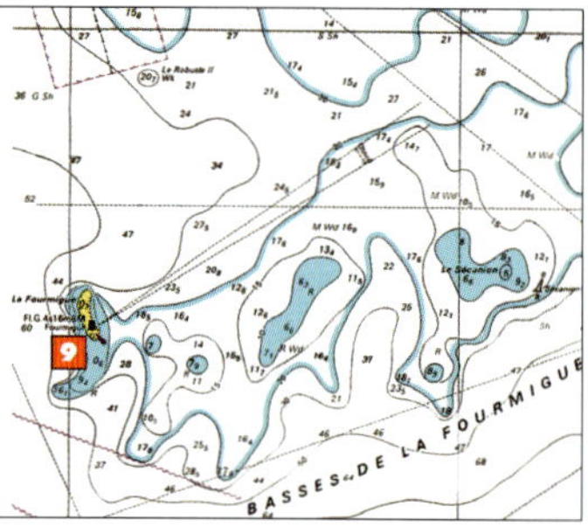

D'après la carte du SHOM n° 7205 S

***Une palanquée** en pleine désaturation en 2003 •*

Niveau requis
Tous niveaux.

Conditions
Site exposé à tous les vents, principalement au vent d'est.

Accès
Par bateau.

La pointe part de 20 m de profondeur pour affleurer la surface, à 100 m au sud de la Tourelle de la Fourmigue. Dans un passage situé à 14 m de fond, se trouve le buste du commandant Le Prieur, un des précurseurs de la plongée autonome, qui a connu la célébrité dans les années trente. Essayez de ne pas trop palmer pour éviter de soulever la vase, sinon la petite statue devient rapidement invisible. Ce site fait partie d'un ensemble de roches comprenant aussi la Murène et l'Enfer de Dante.

***Le commandant Le Prieur** en 1936 •*

L'ENFER DE DANTE

10

Vous avez dit dantesque ?

On trouve sur le site de l'Enfer de Dante, comme au large du Vengeur, des caissons de mines à orins de construction Bréguet-Vickers. Ces mines auraient-elles été mouillées pendant la guerre pour empêcher le passage des bateaux allemands ou italiens, entre la Fourmigue et Sainte-Marguerite ?

Localisation GPS
N 43° 32' 15.1"
E 07° 04' 56.4"
Système WGS 84
H DD MM SS.S

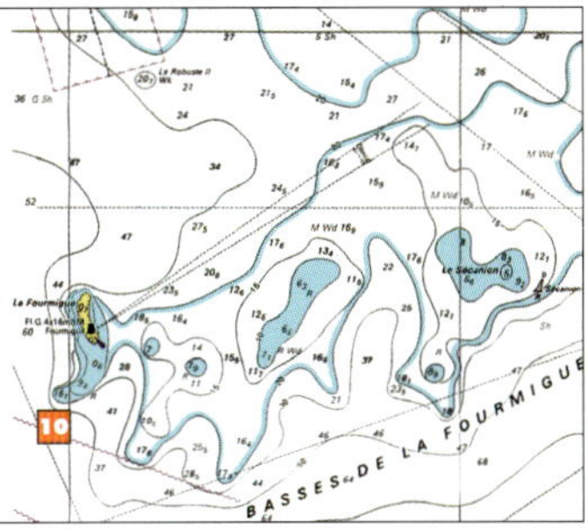

D'après la carte du SHOM n° 7205 S

***Plongeur et gorgones bleues** en harmonie* •

Situé au sud/sud-ouest de la Tourelle de la Fourmigue, l'Enfer de Dante est un des plus beaux sites de plongée du secteur. Non seulement vous y découvrirez un chariot de mine à orins, à 25 m de profondeur, mais vous serez séduit par son relief étonnant, en particulier un couloir tapissé de fines gorgones bleues situé au même niveau. La profondeur du tombant varie entre 15 m et 45 m sur la face sud, son environnement étant constitué de sable coquillier. Vous pourrez en outre observer des avicules hirondelles, cousines des huîtres perlières du Pacifique – mais sans les perles – et de gros chapons faisant du mimétisme sur le sable coquillier et dans les creux des roches. Un second chariot repose sur le sable par 45 m de fond ; comme pour le premier, la mine a disparu… Plusieurs têtes de roches se trouvent encore dans le secteur, en particulier la Murène (qui jouxte l'Enfer) et Beverley, ainsi que d'autres que vous pourrez trouver au sondeur.

Niveau requis
Niveau II.

Conditions
Site exposé à tous les vents.

Accès
Par bateau.

Avicule hirondelle •

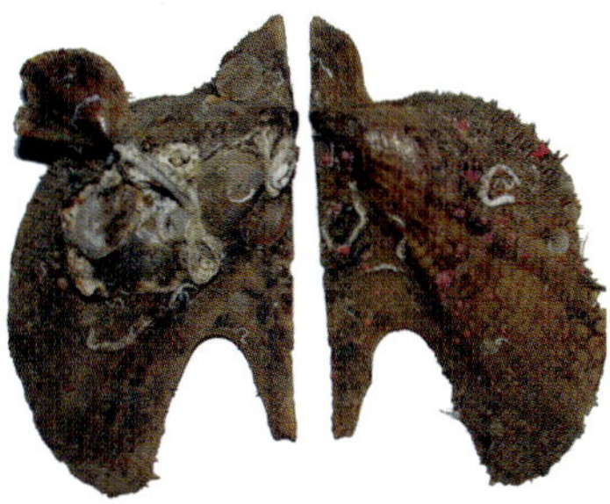

LA DONORÉAS

11

Une grotte préhistorique

L'entrée de cette grotte localisée au sud-est des bases de la Fourmigue se trouve au pied d'un tombant, à 28 m de profondeur. Le plateau, 17 m de profondeur, est recouvert d'un herbier de posidonies du plus bel effet. L'extérieur de la grotte vaut particulièrement le détour.

Localisation GPS
N 43° 32' 17.6"
E 07° 05' 56.7"
Système WGS 84
H DD MM SS.S

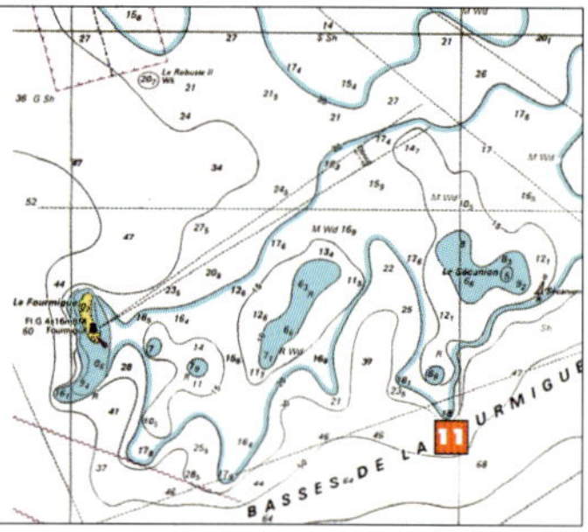

D'après la carte du SHOM n° 7205 S

Niveau requis
Niveau II.

Conditions
Site ouvert à tous les vents.

Accès
Par bateau.

Cette grotte dont le relief extérieur, très tourmenté, est particulièrement étonnant, est située au pied d'un tombant qui s'étage entre 17 m et 29 m de profondeur. Devant l'entrée, vous remarquerez les buses en béton qui ont servi à dévaser le fond de la grotte pour vérifier si celle-ci a abrité des hommes avant son immersion, il y a 12000 ans environ. À l'intérieur de la grotte, la faune et la flore se composent de dentelles de Neptune, d'éponges jaunes, de vers tubicoles, de crevettes et, parfois, de mostelles de belle taille ; néanmoins, la cavité présente peu d'intérêt et ce n'est guère la peine de s'y aventurer en profondeur. Mieux vaut profiter de la beauté de l'environnement extérieur, et observer les rougets-barbets se régalant de détritus enfouis dans le sable ou, sur la paroi, quelques doris dalmatiens (*Peltodoris atromaculata*) grignotant les éponges qui vivent en petits groupes dans les trous de roche.

***Serpule** en train de filtrer le plancton* •

***Doris dalmatiens** sur une algue rouge* •

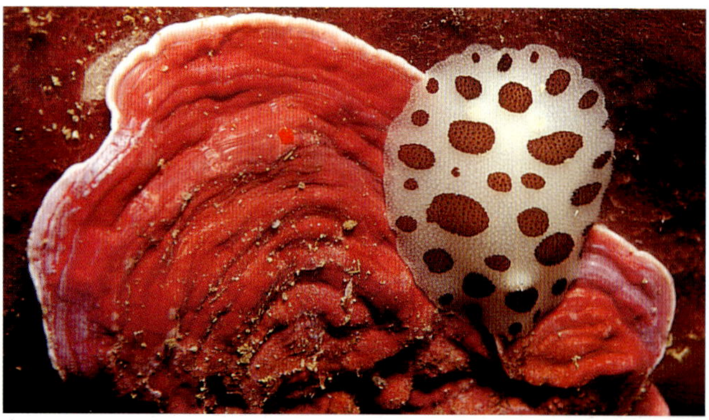

Le mérou

Le mérou est le poisson emblématique de la plongée sur nos côtes. Pouvant atteindre 30 kg pour 1,40 m, cet animal a failli être exterminé en raison du braconnage et de la chasse sous-marine. Jusqu'à ces dernières années, seuls les gros sujets (des mâles, car le mérou est femelle dans la première partie de sa vie) fréquentaient notre région. Désormais, nous avons la chance d'observer des mérous de toutes tailles, y compris des juvéniles. Deux facteurs président à ce changement : le réchauffement de la Méditerranée (un demi degré Celsius a suffi) et l'interdiction de la chasse sous-marine de ce poisson, qui a permis aux populations de mérous de survivre. Si l'on rencontre trois sortes de mérous en Méditerranée, deux seulement nous sont familiers : le mérou brun, ou *Epinephelus guaza*, qui recolonise nos sites de plongées, et le cernier, ou *Polyprion americanus*. Ce dernier vit au large, sous les épaves, depuis l'état larvaire jusqu'à 2 ou 3 kg ; il se fixe ensuite à une profondeur allant de 100 m à 1 000 m. Le troisième type, appelé badèche, ou *Epinephelus alexandrinus*, est surtout localisé autour des îles Baléares ou de Malte. On le rencontre exceptionnellement en Corse. Lorsque le mérou a trouvé un logis convenable, c'est-à-dire un trou à plusieurs entrées, et une nourriture abondante – ce magnifique poisson est un redoutable prédateur qui se nourrit aussi bien de mollusques que de poissons et de crustacés –, il devient volontiers sédentaire. À ce jour, l'interdiction de la chasse et de la pêche du mérou a été reconduite sur les côtes françaises pour cinq ans. Cette mesure est indispensable pour la survie de cette espèce menacée.

Cabotinage de mérou *devant l'objectif* •

Un trio classique :
le plongeur, le tombant et le mérou •

LE BATÉGUIER

12

Un site idéal pour les débutants

À l'ouest de l'île Sainte-Marguerite, l'étang du Batéguier est un site ornithologique où l'on peut observer des sternes, des goélands et des canards col-vert. En partant du bord, près du blockhaus, il est plaisant de faire du « palme masque tuba » en admirant la faune et la flore de petit fond.

Localisation GPS
N 43° 31' 11.5"
E 07° 01' 51.2"
Système WGS 84
H DD MM SS.S

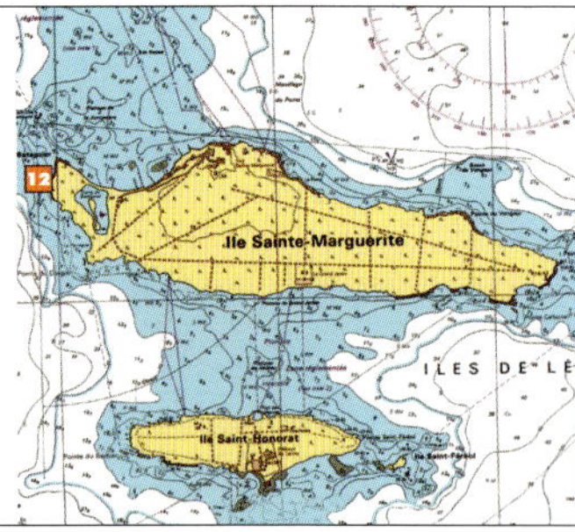

D'après la carte du SHOM n° 7205 S

Niveau requis
Tous niveaux.

Conditions
Site protégé des vents et courants d'est.

Accès
Par bateau ou à pied par le chemin côtier de l'île, à droite de l'embarcadère, avec mise à l'eau au blockhaus.

Bien abrité de l'est, le Batéguier – du nom de la pointe ouest de l'île Sainte-Marguerite – est à peu près parallèle à celle-ci et peut vous amener assez loin au large. Le site est particulièrement approprié pour les petites explorations et la pratique de l'école de plongée. Situé entre 6 m et 30 m de profondeur, ce tombant héberge des populations de gorgones jaunes et d'éponges noires qui voisinent avec des casques (coquillages gastéropodes). Le plateau, constitué d'un herbier de posidonies, est parsemé de roches qui abritent de nombreux poissons : girelles, serrans-écritures ou petites chèvres aux livrées très colorées, rascasses et, depuis quelque temps, de petits mérous. Par ailleurs, une épave sarrasine du Xe siècle repose au large par 54 m de fond ; une partie de sa cargaison est exposée au musée de la Mer, sur l'île Sainte-Marguerite, où vous découvrirez également, à proximité de l'étang du Batéguier, des vestiges romains et un blockhaus datant de la dernière guerre.

***Blockhaus** allemand de la dernière guerre •*

***Les quatre sortes de casques** de nos côtes •*

LE PETIT BARBIER 13

Plongée entre les deux îles

Situé entre la pointe du Dragon de Sainte-Marguerite et la pointe du Barbier de Saint-Honorat, ce site de plongée, carrément dangereux en juillet-août à cause des bateaux, devient plus calme le reste de l'année; il vaut mieux cependant toujours effectuer les paliers au mouillage.

Localisation GPS
N 43° 30' 37.2"
E 07° 01' 57.4"
Système WGS 84
H DD MM SS.S

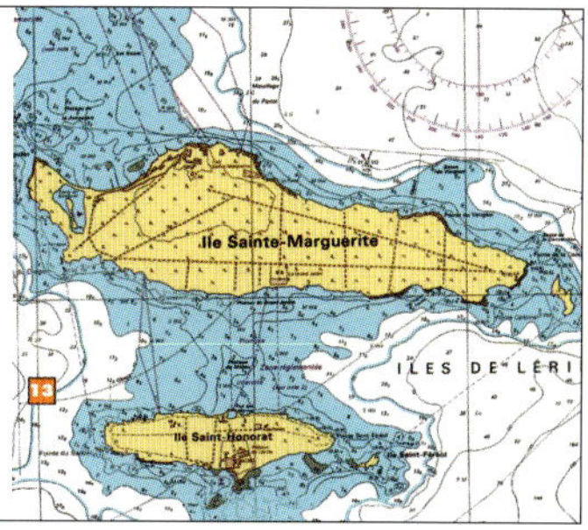

D'après la carte du SHOM n° 7205 S

***Porcelaines** lurida, pirum, spurca, puces •*

Prolongement du Batéguier au sud, ce site porte le nom de la pointe de l'île Saint-Honorat. Il est relativement dangereux, car il se trouve dans l'axe du frioul des îles. On y découvre assez souvent des porcelaines Lurida vivantes, ou leurs coquilles, et quelques spirographes qui se régalent des particules dérivant au gré des courants. Au pied du tombant, situé entre 16 m et 40 m de profondeur et tapissé de gorgones bleues, gît une vedette d'environ 6 m qui a coulé au début de l'année 1996. Ensuite, sur le sable coquillier qui part en pente douce, vous admirerez de nombreux cérithes goumiers et de grosses étoiles de mer (*Astropecten aurantiacus*) qui trouvent là leur nourriture préférée, composée de bivalves. Au retour d'une plongée sur le Petit Barbier, nous avons eu la chance d'être accompagnés pendant quelques instants par un groupe de cinq dauphins, trois adultes et deux jeunes, qui se sont visiblement amusés avec notre bateau. Ce spectacle, toujours magique, devient malheureusement trop rare…

Niveau requis
Niveau II.

Conditions
Site ouvert à tous les vents et au courant du frioul des îles. Plongée déconseillée en été, en raison du fort trafic de bateaux de plaisance; si l'on plonge, le retour au mouillage est impératif.

Accès
Par bateau.

***Dauphins** au large de l'île Sainte-Marguerite •*

LA GROSSE MINOUCHE

14

Petit inventaire de la faune des épaves

Le bateau qui a donné son nom au site a coulé au sud-est du port du Mouré rouge, dans l'axe de la passe matérialisée par la pointe de la Croisette et la balise du Batéguier. Plus au sud, par 60 m de fond, nous avons repéré un moteur et une grosse ancre de provenance inconnue.

Localisation GPS
N 43° 32' 10.6"
E 07° 03' 29.7"
Système WGS 84
H DD MM SS.S

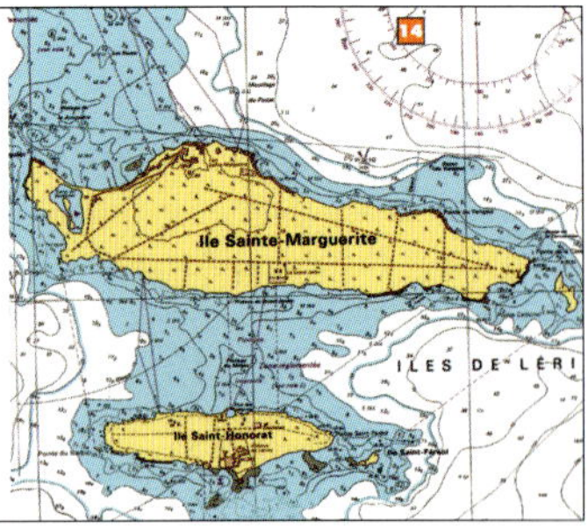

D'après la carte du SHOM n° 7205 S

Niveau requis
Niveau III.

Conditions
Site ouvert à tous les vents.

Accès
Par bateau.

***Pennatula** nocturne* •

Environ 6 m de large et 18 m de long, gisant par 54 m de fond – 51 m au plus haut – la *Grosse Minouche* est une épave de bois au volume encore important, orientée au 315. Le naufrage de ce bâtiment de servitude, causé par une voie d'eau, a eu lieu en 1970 lors du ravitaillement d'un navire américain. Un safran et deux moteurs sont encore bien visibles, ainsi qu'une grande tôle et cinq piliers sur le pont. Si la faune et la flore fixées sont inexistantes sur l'épave, ce refuge au milieu du sable vaseux est en revanche très apprécié des poissons, notamment un grand nombre de gros rougets-barbets, en mouvement ou sagement alignés sur le sable. Aux alentours, on trouve les classiques pieds de pélican, des plumes (*Pteroides griseum*) et des vérétilles (*Veretillum cynomorium*). Notre dernière plongée sur le site date d'octobre 2002, ce qui nous a valu l'émotion de découvrir les vestiges du bateau dans une ambiance semi-obscure. Ce même jour, nous avons observé deux petits homards, des congres (dont un spécimen de près de 10 kg), des capelans – ce qui est peu fréquent –, des mostelles, des chapons et de petites rascasses rouges.

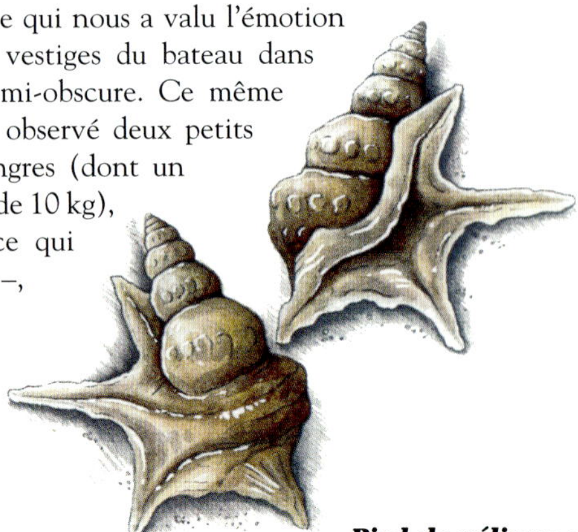

Pied de pélican •

LE VENGEUR

15

Des caissons de mines et des ancres

Situé au nord de l'île Sainte-Marguerite, près de la pointe de la Convention, ce site doit peut-être son nom à la Révolution française : un navire de cette époque, nommé *Le Vengeur du Peuple,* aurait-t-il fréquenté ces parages ?

Localisation GPS
N 43° 31′ 23.0″
E 07° 03′ 57.9″
Système WGS 84
H DD MM SS.S

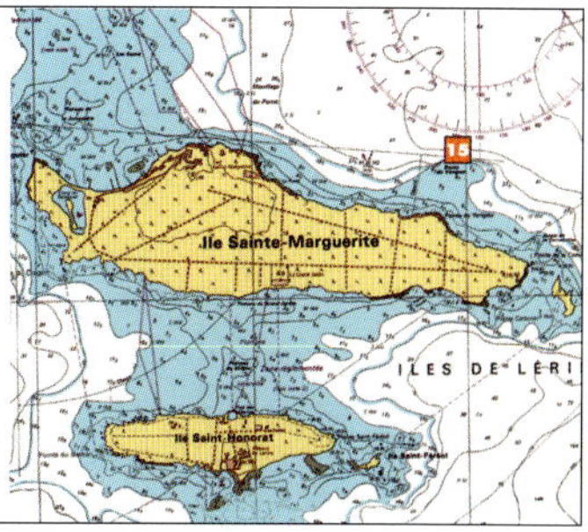

D'après la carte du SHOM n° 7205 S

Le site débute par un vaste plateau recouvert de posidonies, où l'on rencontre quelques grandes nacres. Puis un tombant, au pied duquel est située une petite grotte, descend de 8 m à 40 m de profondeur, jusqu'à du sable coquillier. Le site abrite la faune traditionnelle du tombant méditerranéen : faux corail, éponges, gorgones jaunes, poissons de roches et saupes sur le plateau. De temps à autre, un mérou ou une raie torpille viennent faire un tour dans le secteur, pour le bonheur des plongeurs, qui peuvent aussi observer des flabellines (*Flabellina affinis*) en train de brouter des micro-algues. Récemment, une ferme aquacole a été installée sur le plateau : la nourriture abondante donnée aux loups et daurades d'élevage attire également leurs congénères sauvages. Lors d'une exploration sur le sable, nous avons découvert, à 50 m de profondeur, une grosse ancre en fer datant probablement du XVIIIe siècle. Toujours au large du Vengeur, deux caissons métalliques de mines à orins, dont les plaques d'identification ont été enlevées, reposent sur la vase, entre 51 m et 55 m de fond.

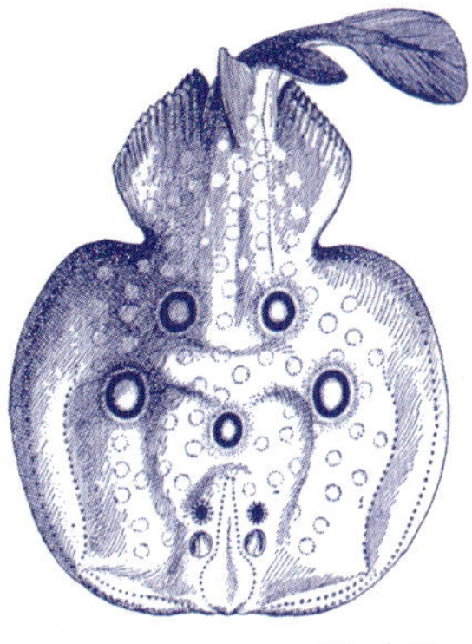

***Torpille* •**

Niveau requis
Tous niveaux.

Conditions
Site assez bien abrité du mistral et du ponant, bien qu'un courant assez fort puisse s'y faire sentir.

Accès
Par bateau.

Flabelline mauve
broutant les micro-algues •

LA PETITE FRANÇOISE

16

Encore appelé « la torpille » ou « la plongée aux mérous »

Au nord de l'îlot de la Tradelière, le fond descend jusqu'à 20 m. Le site comprend un plateau suivi d'un tombant et, tout au bord de l'îlot, un secteur appelé le Labyrinthe. Ces passages entre les roches, entre 3 et 12 m de profondeur, constituent un espace idéal pour les petites plongées et le baptême des néophytes.

Localisation GPS
N 43° 31' 02.0"
E 07° 04' 31.0"
Système WGS 84
H DD MM SS.S

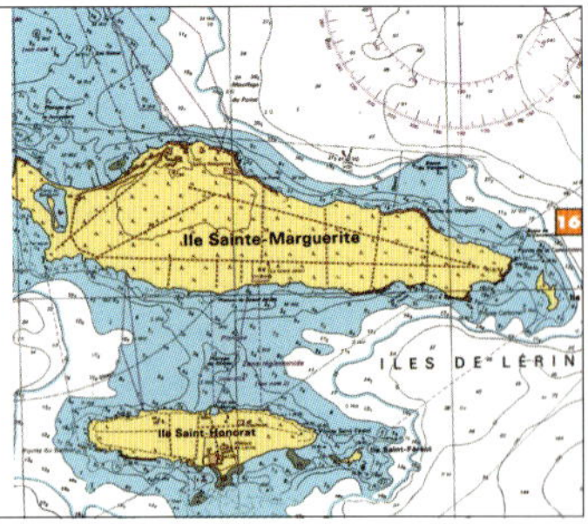

D'après la carte du SHOM n° 7205 S

***Axinelles** épanouies •*

Ce site est le prolongement du Vengeur, parallèle, non plus à l'île Sainte-Marguerite, mais à l'îlot de la Tradelière. À partir de 12 m de profondeur débute un tombant, recouvert en partie de gorgones bleues, qui se termine vers 40 m. De beaux mérous élisent parfois domicile dans les failles situées à 25 m de profondeur environ tandis que, dans les nombreux trous, se dressent de jolies colonies d'axinelles. En outre, vers 45 m de fond, sur des roches, on rencontre encore fréquemment des mérous et des baudroies, qui semblent apprécier tout particulièrement le secteur. C'est à un plongeur cannois que nous devons l'un des noms du site : il y découvrit en effet, non pas une torpille, mais une bombe d'avion d'environ 100 kg, que les plongeurs-démineurs de la Marine nationale ont réussi à faire sauter après de cocasses aventures, ponctuées d'essoufflements…

***Un mérou** bien sympathique •*

Niveau requis
Niveau II.

Conditions
Site assez bien abrité des vents, sauf du vent d'est.

Accès
Par bateau.

LA TRADELIÈRE

17

À la découverte de deux épaves

Séparé de l'île Sainte-Marguerite par un bras de mer d'environ 50 m, l'îlot de la Tradelière a donné son nom à l'épave antique retrouvée dans ses parages. La cargaison de ce navire réservait une surprise: au milieu des amphores et des poteries, les archéologues ont découvert des noisettes vieilles de 2000 ans!

Localisation GPS
N 43° 38′ 38.1″
E 07° 04′ 58.6″
Système WGS 84
H DD MM SS.S

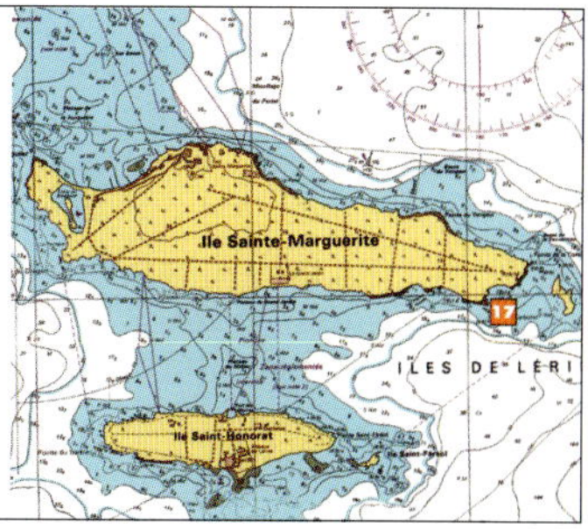

D'après la carte du SHOM n° 7205 S

***Toute la beauté des corbs** en pleine eau •*

Le site se compose d'un plateau (à 6 m de profondeur en moyenne) terminé par un beau tombant – d'abord perpendiculaire, puis parallèle à l'îlot de la Tradelière – qui s'achève 45 m plus bas. Dans la partie haute, les failles semblent être recolonisées depuis peu par de petits corbs, tandis qu'à la base, une petite grotte abrite parfois des mostelles ou des rascasses rouges. Deux épaves font tout l'attrait de cette balade. La première, une vedette récente complètement éclatée, est située à 10 m de profondeur. La seconde, dite « de la Tradelière », repose par 50 m de fond, au sud du tombant. Daté du Ier siècle av. J.-C., ce bâtiment contenait une grande diversité d'amphores et de vaisselle en provenance de Méditerranée orientale (des îles grecques, plus précisément), aujourd'hui exposées au musée de la Mer sur l'île Sainte-Marguerite. Du bateau, il ne reste plus que le carroyage, des membrures, et de sa cargaison… des noisettes ! Un autre site, la Tradelière II, se situe 50 m plus à l'ouest. Il est assez semblable au précédent, mais le tombant débute à 12 m de profondeur.

Niveau nécessaire
Tous niveaux.

Conditions
Uniquement par mer calme.

Accès
Par bateau.

Amphore ibérique
(Dressel 20)
Type d'amphore couramment utilisée sur tout notre littoral pour le transport de l'huile. La cargaison de l'épave de la Tradelière n'en contenait pas •

SAINT-FÉRÉOL

18

En odeur de sainteté

Du nom d'un des nombreux saints qui vécurent sur l'île, Saint-Féréol est un îlot situé à l'est de Saint-Honorat. Qui sait si l'ambiance très sereine de l'endroit n'est pas due à l'influence de ces sages ? Néanmoins, nul doute que vous apprécierez le site, surtout quand il y a peu de courant.

Localisation GPS
N 43° 30′ 15.2″
E 07° 03′ 31.4″
Système WGS 84
H DD MM SS.S

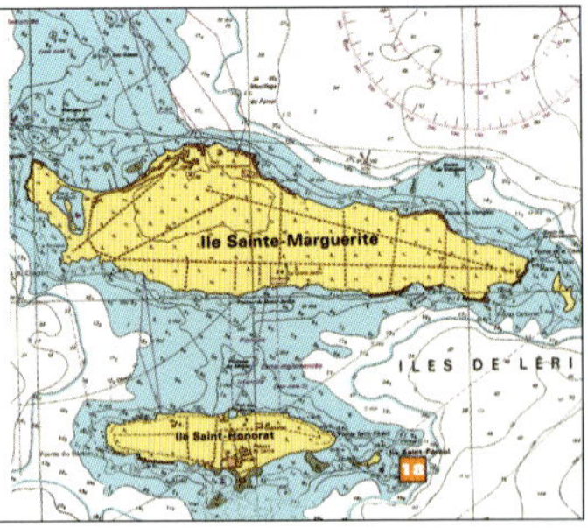

D'après la carte du SHOM n° 7205 S

Mitres •

Le monastère fortifié du XIIe siècle offre une magnifique toile de fond à ce site très agréable, situé à une cinquantaine de mètres de l'îlot, et composé de blocs et de petits tombants. Il commence à 5 m de profondeur pour se terminer vers 35 m. *Le Vigo*, une épave espagnole découverte en 1991, se trouve relativement près du rivage, sur la face nord de Saint-Honorat. En dehors du tombant, la plongée s'effectue sur un fond de posidonies et de roches où l'on rencontre toutes sortes d'animaux – poissons, holothuries, oursins, ophiures –, de nombreux bancs de saupes viennent brouter les algues. Plein sud et sur des fonds plus importants une zone de sable coquillier semble abriter quelques spécimens de mitres zonata. Ce coquillage, très recherché des collectionneurs, n'est pas une espèce rare, mais il ne s'aventure pas au-dessus de 70 m de fond. Nous avons pu observer des coquilles vides, mais jamais l'animal vivant.

Niveau requis
Tous niveaux.

Conditions
Site ouvert à tous les vents ; attention au courant.

Accès
Par bateau.

Le monastère Saint-Honorat *avec en haut à droite, l'île Saint-Féréol •*

CAP D'ANTIBES

Une envolée de marches à l'intérieur du phare de la Garoupe au cap d'Antibes •

LE GRAILLON

19

Les tuiles ne sont pas romaines...

Le Graillon est un site idéal pour ceux qui souhaitent s'offrir une petite plongée depuis le bord, sans trop de portage. Outre la petite faune et la flore de notre Méditerranée nord-occidentale, il recèle une épave surprenante.

Localisation GPS
N 43° 32′ 57.8″
E 07° 06′ 57.2″
Système WGS 84
H DD MM SS.S

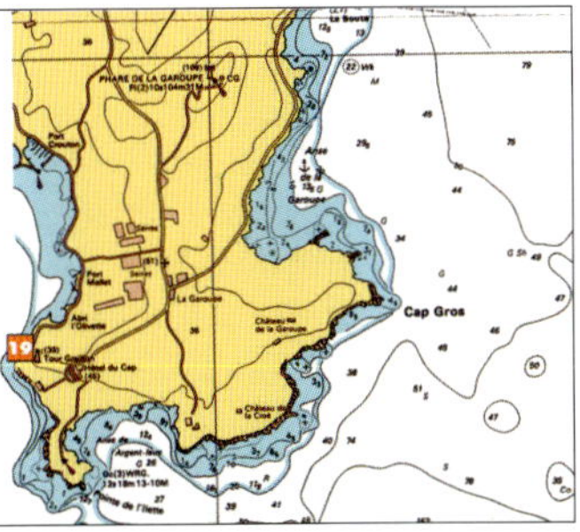

D'après la carte du SHOM n° 7205 S

Après la mise à l'eau, dirigez-vous vers la gauche. Vous rencontrerez tout d'abord un tombant d'éboulis fréquenté par une faune très riche (murènes, petits mérous, vieilles, etc.), puis vous atteindrez rapidement une étendue de sable coquillier entourée de massifs de posidonies, par 15 m à 17 m de fond. Si vous apercevez « l'épave aux tuiles », ne croyez pas à la découverte du siècle... Malgré ses apparences d'épave antique, cette barge, qui transportait des tuiles destinées à la réfection de la toiture du musée napoléonien, date du début du siècle ; on peut même observer des pièces métalliques de la machinerie. La plupart des tuiles, en majorité de type « romaines », sont bien rangées, dressées et plantées dans le sable. En vous rapprochant de la côte, vous longerez une série de mini-tombants dont les failles abritent parfois une multitude de petites cigales de mer. Toutes sortes d'objets reposent ici : moto, queue de billard, et même des chargeurs de balles de fusils Lebel 1892 et autres, toutes concrétionnées – sans doute un dépôt de munitions dont on a voulu se débarrasser. Au printemps, tout au bord de la plage, ne manquez pas d'observer les lièvres de mer, particulièrement nombreux au moment de la reproduction.

*Et voici des **tegulae** et des **imbrex** qui, elles, sont romaines •*

***Une petite cigale** à l'entrée de son trou •*

Niveau requis
Tous niveaux.

Conditions
Site protégé du vent d'est, mais ouvert au mistral.

Accès
Depuis Antibes, prendre la route du cap en direction de Juan-les-Pins. Se garer sur le parking situé dans le premier virage après le musée Napoléonien (à visiter absolument !). On peut facilement accéder au bord par un escalier qui longe le mur du musée : le site se trouve juste en face.

LE RASCOUI

20

Plein les yeux !

Le Rascoui, très intéressant dans sa zone sud, correspond à une partie du tombant situé à l'ouest du cap d'Antibes. Plus au sud, le Grand Boul est un beau tombant, plus riche en vie fixée sur sa partie nord.

Localisation GPS
N 43° 32' 38.4"
E 07° 07' 04.6"
Système WGS 84
H DD MM SS.S

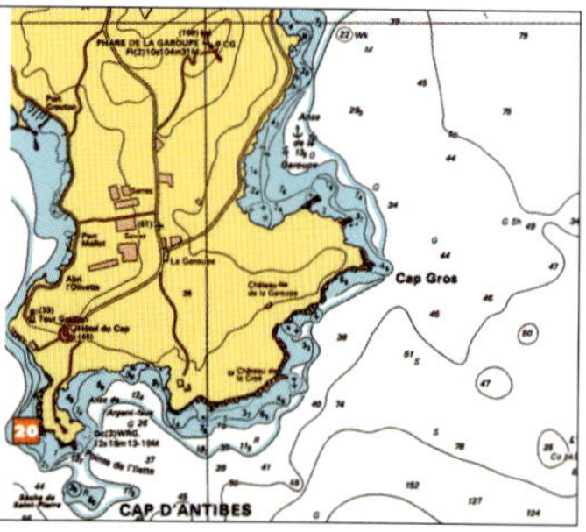

D'après la carte du SHOM n° 7205 S

Un sar *très curieux •*

Le site présente un relief très tourmenté : un plateau recouvert de posidonies, situé entre 3 m et 6 m de profondeur, est suivi d'un tombant creusé de nombreuses failles et criblé de trous, qui descend jusqu'à 20 m. Ensuite, de nombreux blocs d'éboulis jalonnent du sable coquillier qui continue en pente douce jusqu'à 34 m environ. Ce type de relief attire de nombreux poissons : avec un peu de chance, vous côtoierez des myriades de sars et de saupes et quelques dentis en chasse sur le plateau. Puis vous découvrirez des chapons, des murènes – et peut-être même de petits groupes de corbs (une espèce devenue, hélas, trop rare sur nos côtes) – dans les anfractuosités et les failles du tombant, dont un des trous abrite un mérou d'environ 3 kg. Enfin, vous croiserez sans doute de grosses daurades peu farouches au niveau du sable. Sachez aussi que les sous-plombs sont colonisés par de splendides gorgones jaunes. Par ailleurs, il y a quelques années, un artiste a disposé des statuettes sur un petit mur, côté sud ; mais les nombreux plongeurs ont malheureusement détérioré cette exposition sous-marine.

Niveau requis
Tous niveaux.

Conditions
Site protégé du vent d'est, mais ouvert au mistral et au ponant.

Accès
Par bateau. Le site se trouve devant une grande villa blanche, où deux statues de couleur beige sont assises dos à la mer.

Des girelles-paons *affamées •*

LA SÈCHE SAINT-PIERRE

21

Tout un symbole... égyptien !

La partie ouest de la sèche présente une grotte, une faille et un tombant particulièrement attrayants. Les autres zones du plateau méritent certainement une plongée : renseignez-vous auprès des responsables des clubs du secteur.

Localisation GPS
N 43° 32′ 22.9″
E 07° 07′ 18.6″
Système WGS 84
H DD MM SS.S

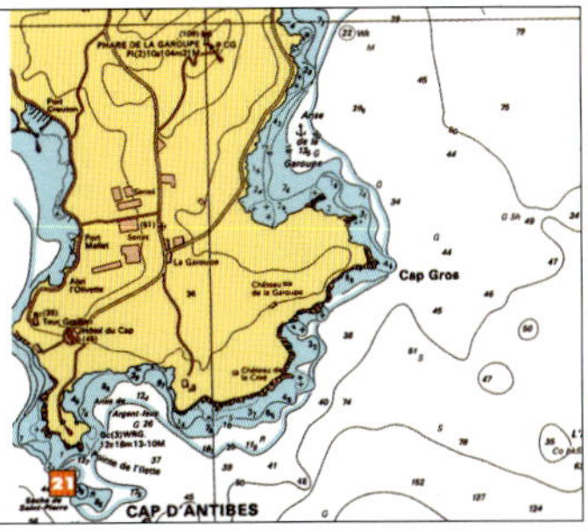

D'après la carte du SHOM n° 7205 S

Située à 200 m au sud de la pointe de l'Ilette, la sèche Saint-Pierre est constituée d'un plateau dont la profondeur varie de 5 m à 20 m. L'herbier de posidonies y est remarquable, comme dans tout ce secteur ; il abrite non seulement les classiques poissons de roches, mais aussi des ascidies comme les violets rouges (*Halocynthia papillosa*). Vous observerez par ailleurs une abondante faune fixée et libre sur ce beau site de plongée, qui ne recèle à notre connaissance ni épave ni objets isolés. À l'ouest du plateau, un tombant qui comprend une belle grotte et une faille importante s'étage entre 20 m et 40 m de profondeur pour déboucher sur du sable coquillier. En examinant les anfractuosités, vous pouvez espérer découvrir un crabe dormeur (*Dromia*). À 18 m de fond, une œuvre de 1,60 m de haut, réalisée par le sculpteur Jean Georges, signale l'entrée de la grotte. Il s'agit de la représentation d'un symbole égyptien qui prône le respect de la mer afin d'assurer sa pérennité. Malencontreusement détériorée, elle est aujourd'hui en partie restaurée.

Un crabe dormeur *sans l'éponge dont il se recouvre parfois •*

Des gorgones rouges *dans la lumière d'un phare •*

Niveau requis
Tous niveaux.

Conditions
Site ouvert à tous les vents. Attention, le plateau est parfois quadrillé par des filets de pêcheurs.

Accès
Par bateau.

LA GRENILLE

22

Des restes d'amphores, mais aussi des mines !

La Grenille est un îlot situé à quelques coups de palmes de la pointe Bacon, sur la route du bord de mer, après le port de la Salis. Pas besoin de bateau : le départ se fait du bord. Il est possible de continuer ensuite plus à l'est vers la Péquerolle.

Localisation
N 43° 34′ 21.6″
E 07° 08′ 30.0″
Points calculés sur carte au mode de lecture H DD MM SS.S

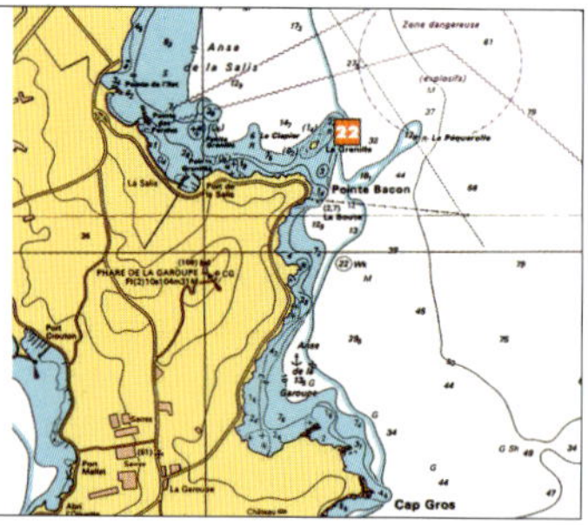

D'après la carte du SHOM n° 7200 S

Niveau requis
Tous niveaux pour la Grenille.
Niveau II pour la Péquerolle.

Conditions
Plongée abritée du mistral, mais pas du vent d'est. Attention aux bateaux dans le secteur.

Accès
La plongée peut s'effectuer du bord, du moins pour la première partie. Depuis Antibes, prendre la route du bord de mer en direction de Golfe-Juan. Passé le port de la Salis, se mettre à l'eau à la pointe Bacon. Pour La Péquerolle, vérifier auparavant si la zone n'est pas interdite en raison de tirs d'explosifs.

Le site s'étage entre 10 m et 12 m de profondeur. De la cinquantaine d'amphores que les archéologues ont découvertes il y a quelques années, il ne reste plus que quelques tessons fortement concrétionnés aux rochers. Les plongeurs plus expérimentés pourront continuer vers l'est en direction de la Péquerolle, où la profondeur atteint une vingtaine de mètres. Attention au dépôt de munitions qui y a été immergé pendant – ou après ? – la dernière guerre ! Les objets dangereux sont fréquents dans ce secteur, classé « zone dangereuse » sur les cartes marines après que des Tellermines (mines allemandes antichars) y ont été découvertes. Des congres et des murènes, mais surtout du petit poisson de roche, comme des labres et des girelles, fréquente les parages.

Nos habituels compagnons de paliers : *des crénilabres-tanches et un rouget-barbet (à gauche), une girelle royale (à droite) •*

LES DOLIA

23

Un imbroglio d'épaves...

Il est possible d'explorer le tombant des Dolia en partant du nord du cap Gros et d'effectuer les paliers au-dessus du site entre 5 m et 8 m d'eau, au pied des roches émergeantes. Si vous soulevez des morceaux de *dolia*, remettez-les dans la même position afin de préserver la petite faune du dessous.

Localisation GPS
N 43° 33' 16.5"
E 07° 08' 36.8"
Système WGS 84
H DD MM SS.S

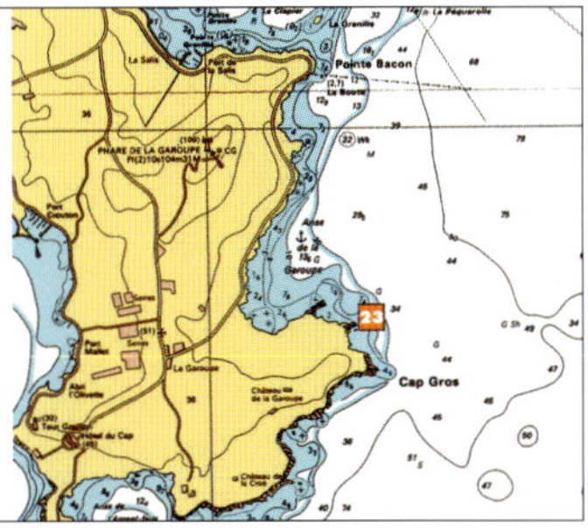

D'après la carte du SHOM n° 7200 S

Le tombant des Dolia constitue le prolongement du cap Gros. Contrairement à ce dernier, il présente une faune fixée abondante, en particulier de belles gorgones bleues, des bryozoaires (cornes d'élan) et du faux corail. Le lieu est également riche en flore et en faune de toute sorte. Entre autres, les ophiures lisses sont particulièrement imposantes quand on les découvre sous un morceau de *dolium* (singulier de *dolia*), abri qu'elles partagent parfois avec des poulpes. Sur le site, connu comme un des plus importants gisements d'épaves de Méditerranée, on trouve en effet de gros morceaux de *dolia*, des débris de poteries et d'amphores, dont certaines en provenance de Cos, une île grecque. Ces vestiges datent du Iᵉʳ siècle avant J.-C. et sont reconnaissables à la forme bifide de leurs anses. Les restes des *dolia* reposent entre 8 m et 12 m de fond dans un site appelé « Tirapeï ». Ces énormes jarres sphériques, qui servaient à stocker et à transporter du blé ou des liquides – elles pouvaient contenir de 650 à 2 500 litres de vin – faisaient partie du chargement d'une épave antique.

Un dolium *hors de son navire •*

Niveau requis
Tous niveaux pour les Dolia. Niveau II pour le tombant qui descend de 16 m à 32 m et débouche sur du sable.

Conditions
Site abrité du mistral, mais pas du vent d'est. Attention aux bateaux dans le secteur.

Accès
Cette plongée peut s'effectuer du bord, mais il faut marcher. Depuis Antibes, prendre la route du bord de mer jusqu'à la plage de La Garoupe (parking). Suivre le chemin des douaniers pendant 200 m environ (un banc en pierre sous un grand pin vous servira de point de repère). Pour porter le matériel, un chariot vous sera d'une grande utilité...

La faune marine de notre région

Le plancton est à la base de toute la vie marine. Les plongeurs qui effectuent des paliers dans une « soupe de plancton », surtout au printemps, peuvent constater l'incroyable diversité de la vie planctonique dans notre région. Le plancton animal, ou zooplancton, comprend aussi bien des larves de crabes que du corail et du poisson. Les coraux capturent les organismes vivants du zooplancton grâce à leurs cils vibratiles. Les grands animaux de mer profitent également de cette manne : les baleines (mysticètes) avalent d'énormes quantités de petites crevettes ; la raie manta se nourrit aussi de plancton (sur nos côtes, ce poisson est un peu plus petit qu'en mer Rouge, mais il peut atteindre 6 m). D'autres mammifères à dents (odontocètes), comme les cachalots, préfèrent les calmars qu'ils vont chercher parfois jusqu'à 2 000 m de profondeur. Les dauphins chassent les maquereaux, les mulets et toutes sortes de poissons pélagiques. Les orques pénètrent très rarement en Méditerranée : le carcharodon, ou grand blanc, apparaît le plus souvent seul ou en petit groupe. Il suit les bancs de thons, de bonites, de sardines et autres migrateurs qui font le tour de la Méditerranée en passant par le détroit de Gibraltar. D'autres requins agissent de même, comme le requin bleu ou le requin renard. Nos côtes recèlent encore une très grande diversité de poissons, du grand requin pèlerin qui peut atteindre 12 m au petit hippocampe à tête de cheval, en passant par les classiques daurades, loups, mérous, rougets, congres, soles, raies, labres, vives, chapons, etc. Les poulpes sont friands de langoustes et de crabes, qu'ils chassent la nuit, mais ils deviennent alors eux-mêmes la proie des roussettes. Certains animaux, comme les bivalves, vivent totalement ou partiellement enfouis dans le sable. Les étoiles de mer, qui sont friandes de ces bivalves, sont classées dans la famille des échinodermes, tout comme les holothuries, qui filtrent le sable pour s'alimenter, les oursins, qui broutent les algues, et les ophiures. D'autres animaux vivent fixés aux roches et aux pierres et ils filtrent l'eau pour se nourrir. Parmi eux, certains spécimens très primitifs ressemblent à des végétaux, notamment les éponges.

Alien ? *Non : un plancton cnétophore •*

Serran-écriture *inquiet devant l'objectif du photographe •*

LE CAP GROS

24

À pied ou en bateau, à vous de choisir…

Par mer ou par terre, le cap Gros mérite une plongée! Équipez-vous sur les rochers, faites un saut droit et vous aurez 36 m d'eau au-dessous de vous: pas mal, n'est-ce pas? Il ne vous reste plus qu'à vous promener le long du tombant ou à explorer le sable au gré de vos envies.

Localisation
N 43° 33′ 07.5″
E 07° 08′ 44.0″
Système WGS 84
H DD MM SS.S

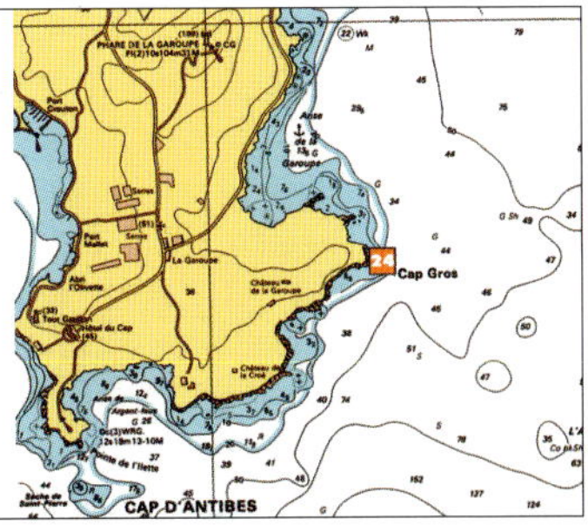

D'après la carte du SHOM n° 7200 S

Des sars communs *nageant tranquillement en pleine eau •*

Niveau requis
Tous niveaux.

Conditions
Site ouvert à tous les vents et aux courants, aussi bien d'est que d'ouest, ce qui explique les nombreux naufrages pendant l'Antiquité. Attention aux bateaux dans le secteur.

Accès
Cette plongée peut s'effectuer du bord, à partir du site des Dolia. L'accès pédestre est identique à la plongée n° 23.

Le côté sud du cap Gros est composé d'un petit plateau très étroit, situé entre 5 m et 8 m de profondeur, au-dessus duquel on peut mouiller en toute tranquillité par temps calme. Des marches descendent ensuite en pente douce jusqu'à 36 m, sur du sable coquillier. Le centre et le nord du cap sont constitués par un tombant qui part directement du rivage pour atteindre 38 m de fond. Très droit, parsemé de gros trous profonds et de failles, celui-ci représente la partie la plus intéressante du site. Ses anfractuosités sont habitées, suivant la saison, par de nombreuses langoustes de belle taille, de grosses murènes, voire, parfois, par des chapons. Outre les habituels poissons de roche, de beaux violets y sont fixés et quelques bancs de sars s'y promènent.

Une langouste *à sa fenêtre •*

LE RAVENTURIER

25

Un tombant à couper le souffle

Situé à l'est du cap Gros, le vaste plateau du Raventurier est parsemé de quelques « patates » qui attirent une faune nombreuse. Le tombant qui débute à l'est de ce plateau est réservé aux plongeurs expérimentés ayant l'habitude de la pleine eau et du courant.

Localisation GPS
N 43° 33' 14.3"
E 07° 09' 57.7"
Système WGS 84
H DD MM SS.S

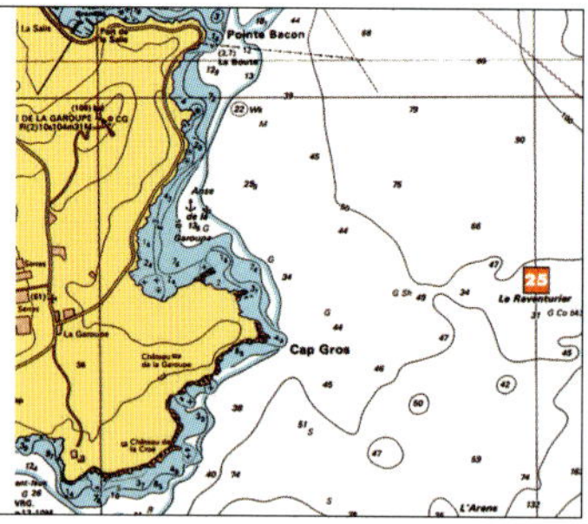

D'après la carte du SHOM n° 7200 S

Bernard-l'ermite
peut-être à la recherche d'une autre maison •

Au large du cap Gros, le Raventurier est un plateau dont la profondeur oscille entre 35 m et 50 m. Il est possible d'y découvrir des vestiges antiques isolés ou ensablés par les courants, qui sont quelquefois forts dans ces parages. Le site est constitué de sable coquillier et de roches éparses, avec une remontée peuplée de belles gorgones bleues qui culmine à 31 m de fond. Tout autour, ce ne sont que pentes douces de sable coquillier parsemé de roches. À certaines périodes de l'année, n'hésitez pas à vous poser au fond et à lever le nez pour observer les bancs de bonites en chasse, car la façon dont ces poissons plongent sur leurs proies est assez spectaculaire. De temps à autre, un beau spécimen de saint-pierre croise dans le secteur, où murènes, mérous et congres sont assez fréquents; la vie fixée est également très intéressante (beaucoup de violets et d'ascidies). Les plongeurs les plus chevronnés exploreront quant à eux le tombant qui commence à l'est du plateau, à 55 m de profondeur. Tapissé d'énormes gorgones bleues, celui-ci est en outre fréquenté par une faune libre très diversifiée.

Niveau requis
Niveau II pour le plateau.
Niveau III pour le tombant.

Conditions
Site ouvert à tous les vents et aux courants. Attention aux bateaux dans le secteur. Pour le tombant, il faut impérativement être habitué aux descentes en « pleine eau », avec du courant en prime.

Accès
Par bateau.

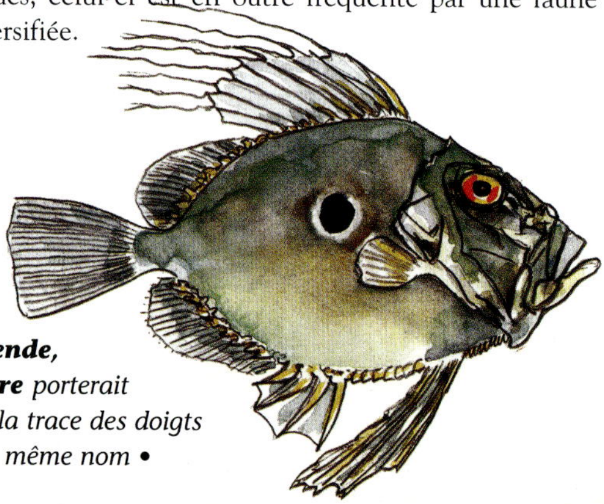

Selon la légende, le saint-Pierre *porterait sur ses flancs la trace des doigts de l'apôtre du même nom •*

NICE - CAP FERRAT

Le phare de Saint-Jean-Cap-Ferrat •

LA VIERGE ET LE DÉPOTOIR

26

Une plongée déconseillée au-delà de 20 m

La mise à l'eau a lieu uniquement à partir du bord, car la zone est interdite au mouillage. Par ailleurs, il est possible que l'accès au site soit totalement prohibé après l'extension du port de Nice. Se renseigner auprès des Affaires maritimes.

Localisation

Plage de la Paiole au Port de Nice

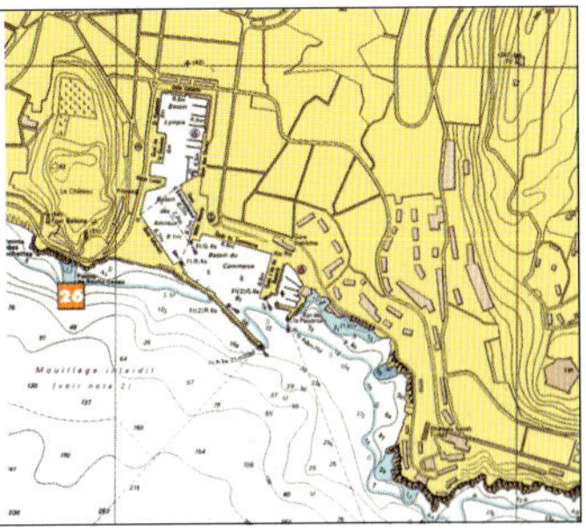

D'après la carte du SHOM n° 7200 S

Ces deux sites – à classer au rang des curiosités – ne constituent pas des plongées « club ». La visibilité y est souvent très mauvaise, en raison des matières et des particules provenant des alluvions du Paillon tout proche, qui recouvrent les lieux. Le moindre coup de palme le long du tombant provoque une avalanche de vase pour le moins désagréable. La statue de Notre-Dame-des-Fonds-Marins est fixée sur une pointe à 12 m de profondeur, au pied du sec de Rauba Capeù. D'une hauteur de 1,50 m environ, cette œuvre du sculpteur Alfred Gualtieroti, immergée en 1968, se présente face tournée vers le large. La décharge commence sur du sable, après un petit plateau en pente douce où vivent de splendides comatules. Vous trouverez ensuite de la vase (attention aux blessures, car des tas d'ossements, des flacons, des bouteilles et autres objets des XIXe et XXe siècles y sont enfouis). En raison de la pente très accentuée, passé 40 m, la plongée devient plutôt stressante. Au bord, au niveau des paliers, il arrive – assez rarement, il est vrai – que l'on trouve des balles de 12.7 ou des boulets en fer.

***Munitions** américaines (20 mm 12.7) et françaises (fusil Lebel) •*

***Comatule** rampant sur des rochers •*

Niveau requis

Tous niveaux, car il est déconseillé d'aller au-delà de 20 m.

Conditions

Site ouvert à tous les vents, aux courants et aux alluvions du Paillon. Le mistral peut parfois arriver par ici.

Accès

Port de Nice (Rauba Capeù) : parking en face du monument aux Morts. Départ du bord, plage de la Paiole, en contrebas.

LE TOMBANT DU CAP DE NICE

27

Encore un « dépotoir » historique

Ce tombant, situé face au premier cap à l'est de la passe du port de Nice, offre une plongée classique entre 12 m et 36 m de profondeur. Attention, le chenal d'entrée du port étant tout proche, vous percevrez l'arrivée des NGV, malgré la protection que procure le cap.

Localisation
N 43° 41' 09.6"
E 07° 17' 49.2"
Points calculés sur carte au mode de lecture H DD MM SS.S

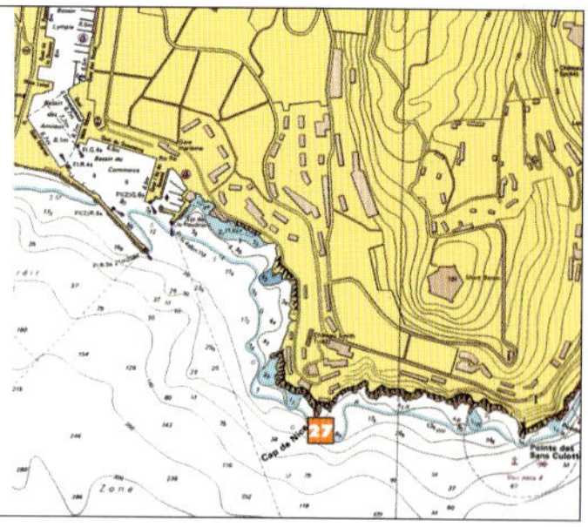

D'après la carte du SHOM n° 7200 S

***Un poulpe** sur le pas de sa porte •*

Niveau requis
Tous niveaux.

Conditions
Par mistral, ponant ou vent d'est, toute la zone du cap de Nice devient impraticable.

Accès
Par bateau. Le mouillage se fait à une vingtaine de mètres du cap, sur une petite remontée.

À 50 m du cap de Nice, une petite remontée située à 9 m de fond marque le début du tombant, qui descend jusqu'à 40 m, en diagonale par rapport à la côte. Quelques gorgones bleues sont fixées sur les derniers mètres. Tout au long du tombant, puis sur la pente de sable coquillier qui le prolonge, vous rencontrerez de nombreux objets hétéroclites de toutes époques, y compris des grenades à fusil et au phosphore (attention, cinquante ans après la guerre, ces armes sont toujours actives). Tout comme le site de la Roure (voir p. 9), il est possible que l'endroit ait servi de décharge lors de l'épidémie de peste de 1720. Au cours d'une exploration sur le sable, nous avons trouvé – ce qui est relativement fréquent – un flacon de « brillant belge », qui contenait de la brillantine, par 50 m de fond. Un poulpe minuscule y avait élu domicile, nous rappelant le temps où il était courant de rencontrer des spécimens de plus de 5 kg et de 2 m d'envergure. Est-il utile de souligner qu'il est impératif de ne déranger ni l'animal ni son habitat ?

***Une gamate provençale** ayant beaucoup servi •*

MAETERLINCK ET LES AMÉRICAINS 28

Deux tombants pour deux plongées

Face aux arches de la villa Maeterlinck, le tombant du même nom se termine à une quarantaine de mètres de la cassure du plateau ; le tombant des Américains, qui débute ensuite à 50 m de fond, descend jusqu'à 90 m, voire 110 m.

Localisation
(Les Américains)
N 43° 41' 06.6"
E 07° 18' 01.8"
Points calculés sur carte au mode de lecture H DD MM SS.S

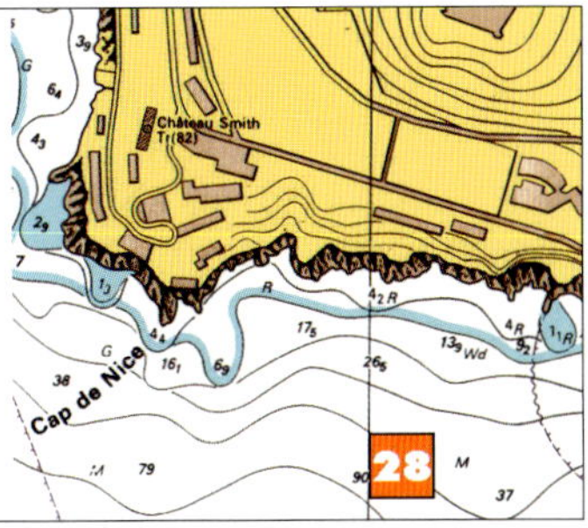

D'après la carte du SHOM n° 7200 S

Perpendiculaire à la côte, le tombant Maeterlinck – du nom de l'écrivain belge – annonce le fameux tombant des Américains, situé à mi-chemin entre le cap de Nice et la pointe des Sans-Culottes. Ces deux sites sont en bordure de la zone interdite de la pointe des Sans-Culottes, à l'est, qui était une zone militaire. Pour atteindre le premier, il faut crocher sur un plateau en pente douce, recouvert de posidonies, entre 22 m et 25 m de profondeur. À cet endroit, le tombant compte déjà une dizaine de mètres de fond ; tapissé de gorgones jaunes et souvent fréquenté par des chapons de belle taille, il se prolonge jusqu'à 40 m. Une pente de sable coquillier, ponctuée de beaux spécimens d'oursins bâtons, mène alors à 50 m de fond. Là débute le tombant des Américains, qui doit son nom à l'hôpital américain transformé en hôtel à la fin des années 80. Une base à 110 m de fond, une visibilité assez réduite et, parfois, du courant : ce second site n'est en aucun cas destiné aux plongées de type « club »… Seuls les plus chevronnés y admireront de splendides gorgones noires, quelquefois habitées par des troques, et – avec un peu de chance – pourront y découvrir quelque vestige.

Le troque granuleux *se rencontre aussi bien en Méditérranée que dans l'Atlantique •*

Les oursins bâtons *vivent sur le sable coquillier, à partir de 40 m de fond •*

Niveau requis
Niveau II pour le tombant Maeterlinck.
Niveau III pour le haut du tombant des Américains.

Conditions
Sites ouverts à tous les vents. Attention, il est impératif d'utiliser un sondeur pour mouiller sur le plateau à 45 m de fond.

Accès
Par bateau.

LA POINTE DU GATON

29

Tout près, la *Sainte-Dorothée* et ses 450 000 piastres d'argent !

Limitrophe de la pointe des Sans-Culottes, au nord-est, le tombant de la pointe du Gaton est en grande partie situé en zone interdite. À proximité, l'épave de la *Sainte-Dorothée* est à mentionner à titre historique.

Localisation
N 43° 41′ 16.8″
E 07° 18′ 27.0″
Points calculés sur carte au mode de lecture H DD MM SS.S

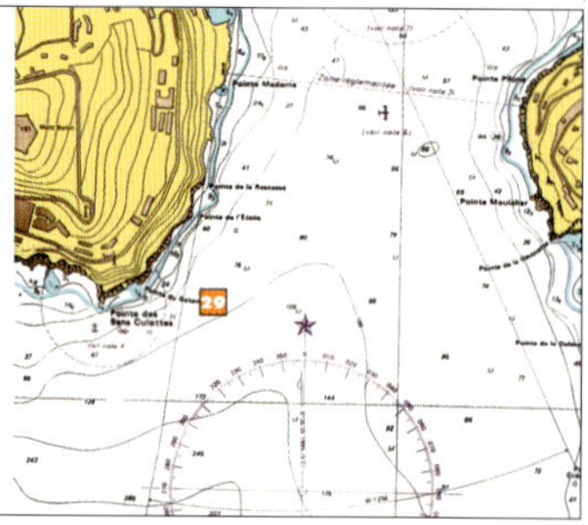

D'après la carte du SHOM n° 7200 S

Gourde provençale •

Niveau requis
Niveau II.

Conditions
Sites mal protégés du vent d'est, du vent d'ouest et du mistral. Attention à la zone d'évitage du bateau, comme pour d'autres sites de la rade.

Accès
Par bateau.

La pointe du Gaton est facile à trouver, car le mouillage se situe juste en face d'une construction en béton où est dessiné un cochon ! Quelques poteries du XIXe siècle ont été découvertes sur le site, dont certaines portent la marque de Vallauris. Très fréquents dans les eaux entre Marseille et Menton, ces récipients servaient à garder les aliments au frais. Le tombant, tapissé de petit corail, va dans la direction de la pointe des Sans-Culottes, qui est une zone interdite. Si, à petite profondeur, la faune est relativement pauvre (hormis les classiques blennies et autres petits poissons de roche), de séduisantes gorgones bleues apparaissent à partir de 40 m. Le tombant prend fin vers 55 m, prolongé par du sable coquillier en pente assez prononcée. Au large de ce site, la *Sainte-Dorothée* repose par 72 m de fond. Couchée sur le côté, l'épave laisse apparaître au-dessus de la vase deux rangées de canons, des jarres espagnoles obturées et concrétionnées, ainsi que des briques de la cuisine de bord. Selon des documents d'époque, ce galion de 1693 transportait une cargaison de plomb, d'étain, de poivre, de soie et 450 000 piastres d'argent…

Un gobie rouge *inquiet hérisse ses nageoires dorsales* •

LA GROTTE À CORAIL

30

À proximité de la pointe de la Rascasse

Bien que la faible profondeur de cette plongée (de 12 m à 26 m) la rende accessible à un grand nombre de plongeurs, la grotte située entre la pointe de la Rascasse et celle de l'Étoile a toujours fière allure. Plus au nord, une petite dorsale sous-marine prolonge la pointe Madame.

Localisation
N 43° 41′ 22.7″
E 07° 18′ 34.5″
Points calculés sur carte au mode de lecture H DD MM SS.S

D'après la carte du SHOM n° 7200 S

Homard •

Le premier site, la pointe de la Rascasse, mérite surtout une petite balade pour ses éboulis et les beaux sars qui s'y « enraguent ». Quant à la grotte à corail, elle se situe sur un tombant qui part perpendiculairement à la côte et descend jusqu'à 38 m de profondeur. Il s'agit d'une des deux grottes de la rade qui ont été occupées par des hommes préhistoriques. Les fouilles effectuées à la fin des années 1960 par les archéologues du bâtiment de la Marine nationale, l'*Archéonaute*, ont permis de mettre au jour des galets taillés ; les buses placées près de la grotte ont d'ailleurs servi à aspirer la vase lors de ces opérations. La grotte, assez profonde et étirée en largeur, commence à 12 m pour se terminer à 26 m. Attention en palmant, car le fond est recouvert de vase : mieux vaut faire partie de la première palanquée ! Il est très étonnant de constater que le corail, qui vit au milieu des bulles des plongeurs plus que dans son élément naturel, ne souffre apparemment pas de cet environnement. Sur le côté gauche, le plus profond de la grotte, une faille très étroite abrite de temps à autre un congre ou un homard. Après le tombant, une langue de sable coquillier mène vers quelques roches couvertes de gorgones bleues, entre 45 m et 50 m.

Niveau requis
Tous niveaux.

Conditions
Sites bien abrités du mistral et du ponant.

Accès
Par bateau uniquement.

Les polypes du corail rouge *s'épanouissent uniquement en Méditerranée •*

Vestiges immergés de l'histoire de Nice et de Villefranche

L'histoire du bassin niçois commence aux alentours de 450 000 ans avant notre ère. À cette époque – comme en attestent les galets taillés retrouvés sur ces sites –, des hommes, chasseurs et cueilleurs, habitent deux grottes aujourd'hui immergées (la grotte du Lido et la grotte à corail). En 400 avant J.-C., les Phocéens fondent *Nikaïa* (Nice). Puis les Ligures sont les premiers à implanter des places fortes sur des pitons rocheux, appelées castellas. En 180 avant J.-C., les Romains écrasent les Ligures et construisent le même type de fortifications, connues alors sous le nom d'oppidums (comme l'oppidum de Cimiez). Au XVIe siècle, deux événements marquants laissent de nombreuses traces dans la rade. En septembre 1516, tout d'abord, une violente tempête provoque le naufrage de plus de vingt navires au mouillage en fond de rade, parmi lesquels la *Lomellina*, un bateau marchand génois bien armé de 40 m. Cette catastrophe explique l'abondance des tessons de vaisselle usuelle génoise que l'on trouve entre 8 m et 18 m de profondeur. Quelques années plus tard, en 1543, les Français de François Ier et leurs alliés turcs, commandés par Barberousse, assiègent la ville de Nice, qui appartient alors à la maison de Savoie. Du XVIIe siècle, il reste quelques bouteilles soufflées ou fabriquées en plusieurs parties – jusqu'à cinq – et collées. On retrouve en outre des vestiges de la guerre de 39-45, le plus souvent des munitions de 12.7 ou des obus de 20 mm, mais aussi des grenades à main au phosphore, encore dangereuses de nos jours. Enfin, la rade ayant servi de zone de relâchement pour les navires de la 6e flotte US entre 1950 et 1960, on y trouve aussi un nombre considérable de tasses et autre vaisselle de bord en pyrex, que les matelots américains, peu économes, ont jeté par-dessus bord.

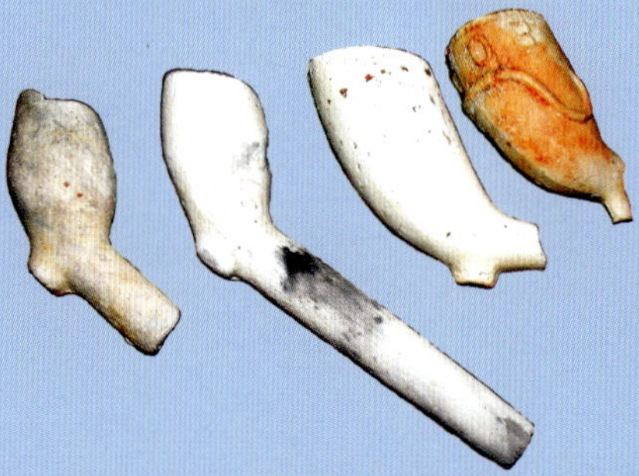

Différents modèles de pipes
en terre (1620 à 1800) •

Lampes à huile génoises
des XVIe et XVIIe siècles •

LA ROCHE AUX CONGRES

31

Une véritable HLM sous-marine...

Laissons de côté le nord de la rade et ses sympathiques petits fonds de roches, de posidonies et de sable, étagés entre 3 m et 18 m, pour nous intéresser à la zone nord-est. Si le fond, composé de posidonies et de vase, y est moins attrayant, la roche abrite souvent des congres et des murènes.

Localisation
voir Accès

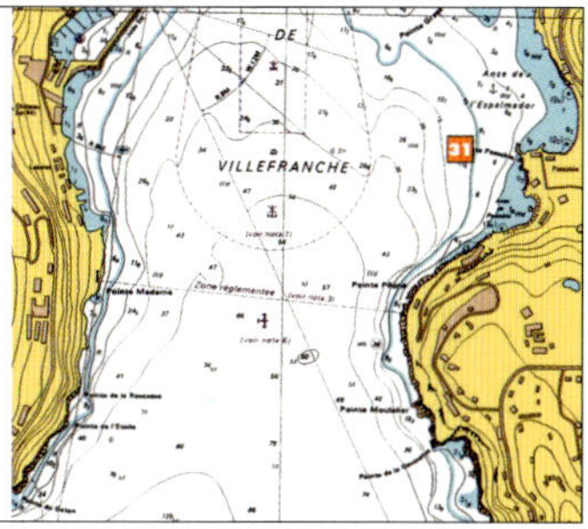

D'après la carte du SHOM n° 7200 S

Dirigez-vous vers le centre de la rade. Après avoir parcouru environ 70 m, vous arriverez sur un petit tombant d'une dizaine de mètres, dont la base se trouve à 25 m de profondeur, prolongée par du sable en pente douce. Ce rocher, percé de multiples cavités, abrite des congres et des murènes qui partagent parfois le même trou en bonne entente. Des vestiges de toutes les époques font la joie des poulpes : au pied du tombant, un de ces mollusques a même pris possession d'un pneu 135 x 15 agrémenté d'objets hétéroclites, dont un col d'amphore ibérique ! Le site est par ailleurs très prisé des natices Joséphine, des coquillages qui vivent en partie enfouis dans le sable et se nourrissent de bivalves. On y rencontre également des petites vives : attention aux piqûres !

Une petite vive *enfouie dans le sable •*

Natice Joséphine •

Niveau requis
Niveau II.

Conditions
Site bien abrité du vent d'est. Eau souvent chargée de particules.

Accès
Suivre la Basse Corniche en direction de Saint-Jean-Cap-Ferrat. Peu avant le village, tourner à droite vers la plage de Passable. Départ à côté de la pointe Pilonne ou à partir du parking de l'immeuble du Lido.

LA GROTTE DU LIDO 32

Des hommes préhistoriques aux plongeurs

Accessible du bord, ce site est fréquenté toute l'année. En dehors de la grotte, il offre diverses possibilités d'exploration : un petit tombant plus au sud et une pente de sable coquillier qui mène jusqu'à 50 m de profondeur environ.

Localisation
Plage de Passable à Saint-Jean-Cap-Ferrat,

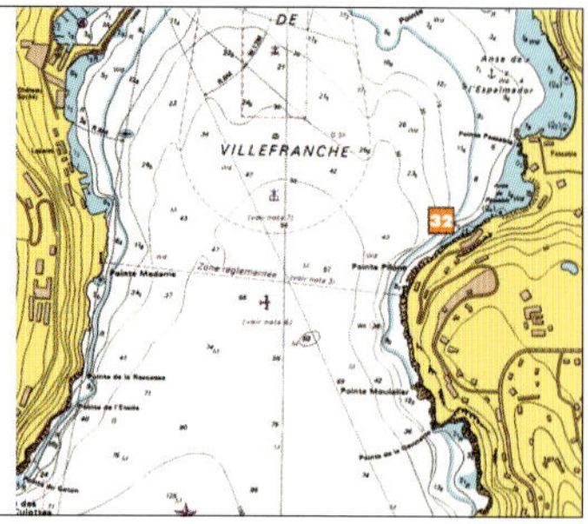

D'après la carte du SHOM n° 7200 S

L'Archéonaute *est un ancien bâtiment de la Marine nationale •*

Niveau requis
Niveau II.

Conditions
Site bien abrité du vent d'est. Eau souvent chargée de particules.

Accès
Peu avant le village de Saint-Jean-Cap-Ferrat, tourner à droite vers la plage de Passable et continuer vers le parking de l'immeuble du Lido. Avant l'esplanade, un escalier assez raide mène au rivage; la grotte est située juste en face.

Située à 26 m de profondeur, la grotte ornée de petits spirographes est séparée en deux par un pilier central. C'est la seconde grotte de la rade qui a été fouillée par les archéologues de *L'Archéonaute* à la fin des années soixante. Ces derniers y ont trouvé des galets travaillés par l'homme, datant du Paléolithique. Une buse ayant servi à filtrer la vase se trouvait d'ailleurs devant l'entrée, mais, déplacée, elle se trouve maintenant vers 45 m de fond, debout, avec de magnifiques spirographes sur le haut. Au début des années soixante, un superbe mérou avait élu domicile dans la grotte, pour notre plus grand plaisir ; dernièrement, le lieu a de nouveau reçu la visite d'un mérou juvénile (que Poseïdon le préserve...). On rencontre également de temps à autre des langoustes et des homards dans le secteur proche, tandis que quelques porcelaines trouvent refuge dans les petits blocs qui forment le plateau avant le tombant.

Sabelles *dans la pénombre de la grotte •*

L'ANCRE, L'AVION ET LA VEDETTE

33

Trois plongées à proximité de la pointe Pilonne

Au large de la pointe Pilonne, deux épaves ne reposent plus à leur emplacement d'origine à cause de manœuvres maladroites. Il s'agit d'une ancre du XVIIIe siècle, relâchée sur le sable au détriment des spirographes qui s'y étaient fixés, et d'un avion de tourisme harponné par l'ancre d'un bateau.

Localisation
(L'avion)
N 43° 41' 23.7"
E 07° 19' 09.0"
Système WGS 84
H DD MM SS.S

D'après la carte du SHOM n° 7200 S

***Désormais, l'avion** ne traîne plus sa banderole •*

Pour atteindre l'ancre, il faut suivre le tombant de la pointe Pilonne, lequel descend en pente douce, avec roches et posidonies, jusqu'à 20 m de profondeur, avant de présenter une cassure franche entre 20 m et 40 m. Avec beaucoup de chance, vous trouverez peut-être, comme nous, un *Bursa scrombiculator* (eh oui !) sur le plateau, cette espèce étant extrêmement rare sur nos côtes. Une superbe ancre en fer du XVIIIe siècle, recouverte de très gros spirographes, reposait au pied de ce tombant. Des plongeurs ont essayé de la remonter, mais l'opération ayant échoué, cette pièce est retombée sur le sable. Quant à l'avion, il s'agit d'un petit monomoteur de type Rallye, comme on en voit souvent, l'été, traîner dans l'azur une banderole publicitaire. L'appareil s'est abîmé en mer en 1983 et gît à une vingtaine de mètres du tombant. L'ancre d'un bateau de plongée l'a accroché et l'a entraîné de 42 m à 44 m de profondeur, en cassant une des ailes (actuellement habitée par un congre). Le secteur semble attirer les murex épineux et les natices Joséphine ; ces gastéropodes, qui étaient nombreux auparavant, se raréfient de nos jours. Une petite vedette se trouve également sur le sable coquillier, dans la même zone de profondeur que celle de l'avion, mais plus au nord.

Niveau requis
Niveau II pour le tombant.
Niveau III pour l'avion.

Conditions
Site bien abrité du vent d'est.

Accès
Peu avant le village de Saint-Jean-Cap-Ferrat, tourner à droite vers la plage de Passable À mi-chemin entre Passable et le parking de l'immeuble du Lido, un escalier assez raide mène au rivage. Les sites se trouvent an face du panneau indiquant la limitation de vitesse des bateaux.

***Une Flabelline blanche** toute de beauté et de délicatesse •*

LA GRANDE BAIE

34

Un éventail de plongées sur un même site

Bien que la pointe Moulalier et celle de la Gavinette puissent être classées sites de plongée, nous passerons directement à la Grande Baie. Entre 3 m et 60 m de profondeur, celle-ci regroupe un plateau, un tombant, des roches isolées, la grotte de la pointe de la Cuisse et quelques morceaux de ferraille.

Localisation
N 43° 41′ 23.7″
E 07° 19′ 09.0″
Points calculés sur carte au mode de lecture H DD MM SS.S

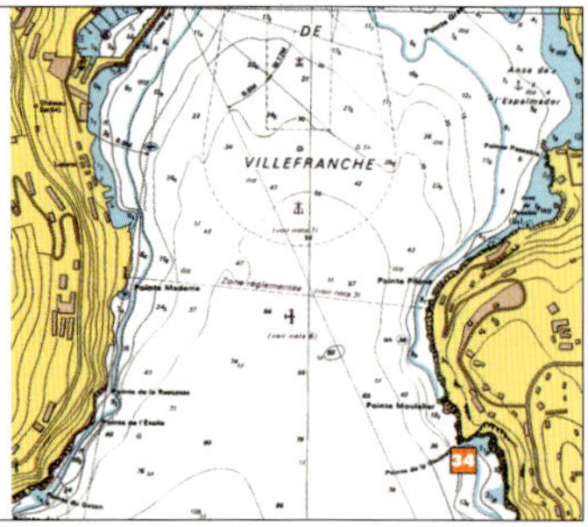

D'après la carte du SHOM n° 7200 S

Aiguille de mer et hippocampe •

Niveau requis
Tous niveaux.
Niveau II pour les tombants.

Conditions
Site bien abrité du vent d'est, mais ni du mistral ni du ponant.

Accès
Par bateau. Le mouillage s'effectue près de la côte. Attention à la zone d'évitement du bateau.

La Grande Baie permet plusieurs types de plongées, depuis un baptême sur un plateau très poissonneux, entre 2 m et 5 m de profondeur, jusqu'à l'exploration, au sud, d'un superbe tombant portant de petites branches de corail, et qui descend jusqu'à 45 m. En face, une marche vous mène à 20 m de fond, tandis qu'une pente douce de sable et de posidonies (auxquelles des hippocampes tachés de jaune sont parfois accrochés) se prolonge vers la pointe de la Gavinette. Plus loin, le tombant le plus abrupt de la rade part de la surface pour finir sur le sable à 40 m de fond. Il est truffé de trous habités à l'année par des rascasses et des chapons, rejoints au printemps par de petites langoustes. La pointe de la Cuisse offre elle-même plusieurs opportunités de balades. Vous pouvez remonter les éboulis pour arriver, vers 8 m de fond, à une grotte assez étroite, appelée « grotte du Sémaphore ». Cette dernière est terminée par une cheminée dans laquelle on aperçoit la surface, mais, même en décapelant, il est impossible de passer. Vous devrez donc rebrousser chemin pour ressortir. La nuit, de petites rascasses rouges et, parfois, des porcelaines Lurida cherchent leur nourriture dans cette zone, fréquentée aussi au printemps par des balistes de passage. Au sud de la pointe, divers morceaux de ferraille sont peut-être le signe d'un naufrage relativement récent.

En raison du réchauffement de la Méditerranée, *certains poissons, comme ce baliste, remontent vers nos côtes au printemps •*

L'ÉPAVE AUX CLOUS 35

Des rails sous la mer

Même si ces clous évoquent des vestiges romains, ne vous fiez pas aux apparences! Datant de la fin du XIXe siècle, ils proviennent d'un bateau qui transportait des rails pour la construction de la voie ferrée.

Localisation
(Crau de Nao)
N 43° 40′ 54.7″
E 07° 19′ 31.2″
Points calculés sur carte au mode de lecture H DD MM SS.S

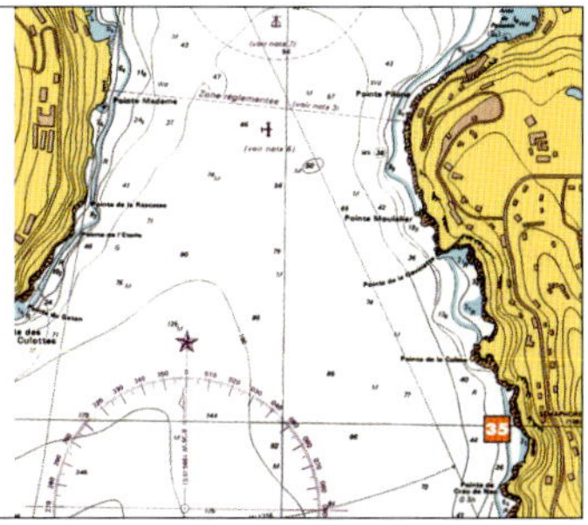

D'après la carte du SHOM n° 7200 S

L'épave se trouve au lieu-dit Crau de Nao: le mouillage s'effectue juste sous le sémaphore du cap Ferrat. Dans cette zone, le fond, constitué de sable et de posidonies, descend en pente assez rapide; on peut y observer quelques petites nacres (*Pinna nobilis*). Au bout de quelques minutes, à environ 36 m de profondeur, vous découvrirez des membrures de bateau. Celles-ci étaient fixées par des clous en bronze, d'où le nom « d'épave aux clous » que les plongeurs locaux ont coutume de donner au site. Il s'agit d'un bâtiment en bois construit en 1895. Au début du XXe siècle, au cours d'un transport de rails, un incendie s'est déclaré à bord et le bateau a coulé. Sur cette épave déclarée en 1982, vous aurez peut-être l'heureuse surprise de voir un poisson-lune se faire déparasiter par de petits labres. Plusieurs plongeurs ayant assisté à ce spectacle insolite, nous en concluons que, loin d'être le fruit du hasard, ces scènes témoignent de l'existence d'une station de déparasitage bien réelle. Ensuite, le tombant est des plus classiques: une partie droite terminée par quelques blocs vers 30 m de profondeur, puis le sable.

Niveau requis
Tous niveaux.
Niveau II pour l'épave.

Conditions
Site bien abrité du vent d'est.

Accès
Par bateau.

***Clous** de l'épave •*

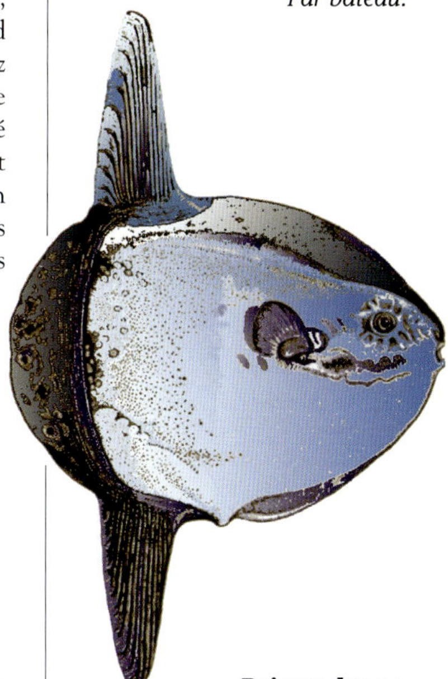

***Poisson-lune** •*

LE « TOMBANT À ANDRÉ »

36

À la mémoire d'un célèbre plongeur local

Ce petit tombant étroit est le dernier site autorisé à la plongée à l'est de la rade de Villefranche, avant le début de la zone interdite de la pointe Malalongue, située sous le phare.

Localisation
N 43° 40' 49.1"
E 07° 19' 29.1"
Points calculés sur carte au mode de lecture H DD MM SS.S

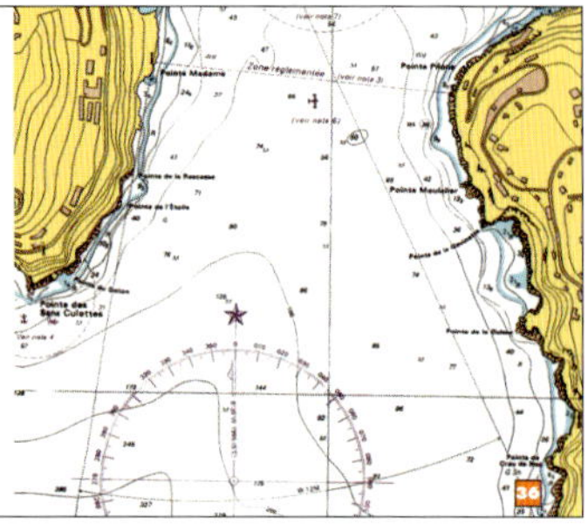

D'après la carte du SHOM n° 7200 S

Plongeuse et étoile rouge •

Ce tombant doit son appellation à André Portelatine, qui était une figure de la plongée sur la Côte d'Azur et qui a travaillé notamment avec le commandant Cousteau: pour la petite histoire, c'est dans le magasin d'André, au début des années soixante, que l'un des auteurs a acheté son premier équipement, un BI mono-sortie et un détendeur Spiro 8. Le tombant, assez étroit, s'étage entre 20 m et 35 m de profondeur et s'achève sur du sable bien plus clair que partout ailleurs dans la rade. Le site offre une plongée agréable et n'est pas sans rappeler certains tombants de la baie d'Ajaccio. Sur le plateau évoluent les classiques échinodermes (étoiles de mer rouges, oursins, holothuries), ainsi que de nombreux poissons de roche, tandis que, sur les taches de sable, des rougets-barbets s'agitent en soulevant beaucoup de particules pour rechercher leur nourriture. Nous atteignons ici la limite de la zone interdite du cap Ferrat.

Un groupe de rougets-barbets *se reposant sur le sable à la fin du jour •*

Niveau requis
Niveau II pour le bas du tombant.

Conditions
Site très exposé au mistral et au vent d'ouest.

Accès
Par bateau.

Le verre à travers les âges

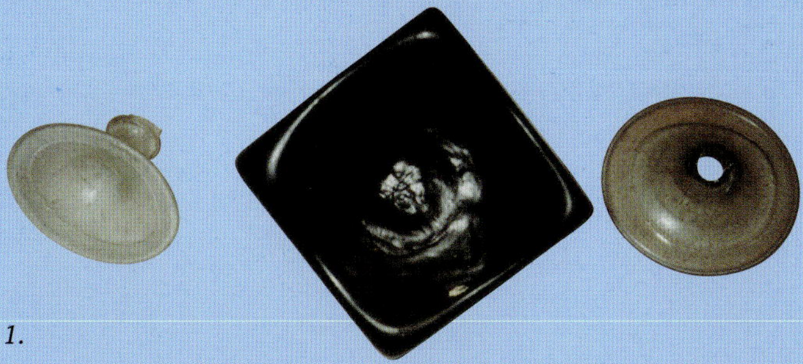

1.

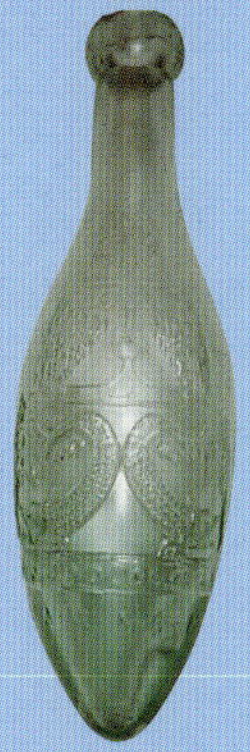

2.

Quel plongeur n'a jamais trouvé au fond de l'eau une bouteille de bière, de champagne ou autre ? Mais il est également possible de dénicher quelques vestiges plus anciens sur des fonds de vase ; certains ont d'ailleurs parfois des formes assez amusantes, comme ces bouteilles en forme d'amphore, mais sans les anses, appelées « couilles de pape ». Les études menées sur le verre à l'issue de diverses fouilles archéologiques permettent d'affirmer que, jusqu'au début de l'ère chrétienne, les seuls objets en verre étaient des éléments de parures (perles, anneaux, etc.). Bien que l'origine de cette technique reste assez floue, le soufflage du verre semble apparaître vers le Ier siècle après J.-C., puisque des textes de Pline l'Ancien décrivent l'établissement de verreries en Gaule. Grâce à cette invention, on va assister à la création de bouteilles, flacons, gobelets, verres à pieds, bocaux... Plus tard, l'évêquede Metz s'adresse au roi Louis XV en ces termes : « La France manque de verreries d'art et c'est pour cela que les produits de Bohême entrent en si grande quantité, d'où il suit une exportation étonnante de deniers, à un moment où le royaume en aurait cependant si grand besoin. » En 1764, le roi accorde au prélat l'autorisation de créer une verrerie à Baccarat ; cet établissement deviendra par la suite la plus importante cristallerie de France. La Révolution provoque une baisse de l'activité verrière jusqu'au XIXe siècle, où de nouveaux progrès, tant chimiques que techniques, sont réalisés. En décembre 1821, en Angleterre, Henry Ricketts de la société du même nom, dépose le brevet d'un moule pour la fabrication en série de bouteilles en verre destinées à contenir du vin, de la bière ou du cidre. Des moules existaient déjà depuis 1750 – voire plus tôt –, mais la nouveauté consiste ici à assembler les différents éléments de la future bouteille en une seule opération, ce qui permet d'obtenir une régularité « industrielle » dans les formes.

3.

*1. **Pieds de verres** et fond de bouteille génois, début XVIe siècle •*

*2. **Bouteille de soda,** début XXe siècle •*

*3. **À gauche, une bouteille soufflée** du XVIIe siècle ; au centre et à droite, deux bouteilles moulées (type Ricketts) •*

LA POINTE CAUSINIÈRE

37

Un tombant partiellement accessible

Ce site est en bordure de zone interdite. La réglementation ayant changé plusieurs fois, renseignez-vous auprès des Affaires maritimes du port de Nice ou, mieux, rendez-vous sur les lieux avec un club de plongée.

Localisation GPS
N 43° 40' 30.6"
E 07° 20' 01.0"
Système WGS 84
H DD MM SS.S

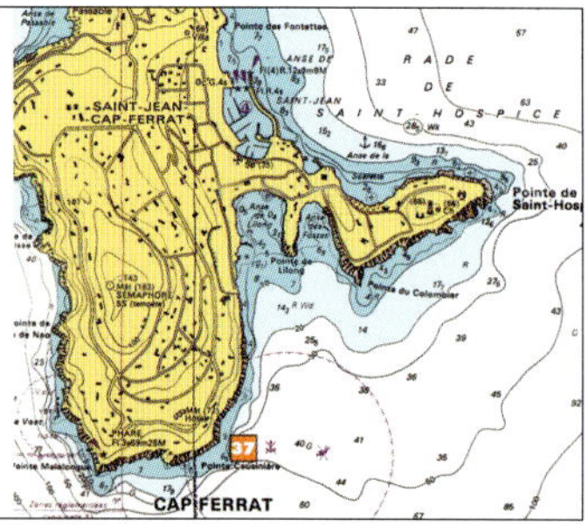

D'après la carte du SHOM n° 7200 S

Niveau requis
Niveau II pour le premier tombant. Autonomes pour le second.

Conditions
Site exposé à tous les vents, avec parfois du courant assez fort. Très fréquenté en été par les plaisanciers: réalisez les paliers au bord ou sous le bateau.

Accès
Par bateau ou à pied (à 30 m après le phare de Saint-Jean-Cap-Ferrat, vers de l'hôtel du Cap, un escalier de 113 marches descend jusqu'à la mer).

***Cohabitation** entre une anémone et une araignée •*

***Une méduse pelagia** portée par le courant •*

Le site se trouve à la limite de la zone interdite de la pointe du cap Ferrat. Une épave chargée d'amphores de type gréco-italique se trouverait au large de cette zone, c'est pourquoi l'interdiction aurait été étendue jusqu'à la pointe Causinière. Néanmoins, l'accès au site est de nouveau autorisé par les Affaires maritimes (à vérifier). Orienté plein large, le tombant de la pointe Causinière est tapissé de gorgones jaunes jusqu'à environ 25 m de profondeur, puis de belles gorgones bleues jusqu'à 40 m. Un autre tombant, situé dans la zone interdite, descend jusqu'à 65 m, perpendiculairement à la côte; à ce niveau, une grotte profonde est habitée par de grosses crevettes et on y rencontre parfois de belles mostelles. Ce second tombant offre une faune, une flore et un relief très attrayants. La zone en pente douce qui le précède permet d'effectuer des paliers au bord très agréables. Ainsi, vous pourrez découvrir, au détour d'une roche ou dans l'herbier de posidonies, de gros oursins noirs (non comestibles), des violets, des anémones (*Anemonia sulcata*) et des bancs de mulets-dorins en maraude. À certaines périodes de l'année, des méduses portées par le courant envahissent le secteur.

LE « SEC À MERLO » 38

Un site au large des côtes

Ce site exceptionnel est situé au large des terres, la profondeur devenant très rapidement importante. Afin de le protéger, évitez d'effectuer le mouillage juste au-dessus du tombant et jetez l'ancre au nord de la roche sur un fond de sable coquillier.

Localisation GPS
N 43° 40′ 32.4″
E 07° 20′ 51.8″
Système WGS 84
H DD MM SS.S

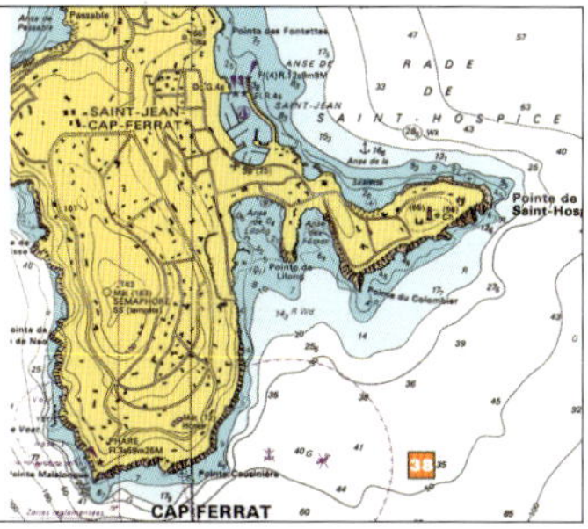

D'après la carte du SHOM n° 7200 S

Le site porte le nom d'un pêcheur qui a pris ses filets dans ces rochers. Des plongeurs l'ont aidé à les récupérer, profitant de l'aventure pour noter les amers. Excellente initiative, car cet endroit permet une très belle plongée de pleine eau. Il s'agit du seul tombant de la région niçoise situé au large des côtes, entre 38 m et 48 m de profondeur ; il nécessite par conséquent de bons amers et un sondeur. Sur la face nord, de magnifiques gorgones bleues dissimulent des cavités où vivent des murènes et des congres, parfois en compagnie de gros chapons. Des groupes de sars y cherchent leur nourriture sans se préoccuper des plongeurs. Peut-être aurez-vous la chance d'y croiser un triton (*Tritonia charonia*), le plus gros gastéropode de Méditerranée – plutôt rare dans notre région –, ou encore d'y découvrir quelque vestige, tel un anneau de cargue d'époque romaine. La face sud, constituée de sable coquillier où vivent des oursins spatangues et des oursins-crayons, présente une pente rapide. Au cours d'un palier, il se peut que de grosses liches curieuses s'en viennent virevolter autour de vous, vous offrant un spectacle enchanteur.

***Bursa* et *tritons* poilus •**

Une spatangue,
également appelée souris •

Niveau requis
Niveau III.

Conditions
Site exposé à tous les vents et aux courants : à effectuer par temps calme, sans oublier le parachute… Il est impératif de retrouver l'ancre ou le bateau si suivi aux bulles, pour la remontée, car en été, beaucoup de bateaux circulent dans le secteur.

Accès
Par bateau.

LE SHÉHÉRAZADE

39

Le fantasme du harem halieutique...

Au large de l'anse de la Scaletta, entre le port de Saint-Jean-Cap-Ferrat et la pointe Saint-Hospice, se trouve une zone de mouillage. C'est au cours d'un relâchement que le *Shéhérazade* a pris feu avant de sombrer. L'épave repose par 28 m de fond sur du sable coquillier.

Localisation GPS
N 43° 41′ 22.2″
E 07° 20′ 42.9″
Système WGS 84
H DD MM SS.S

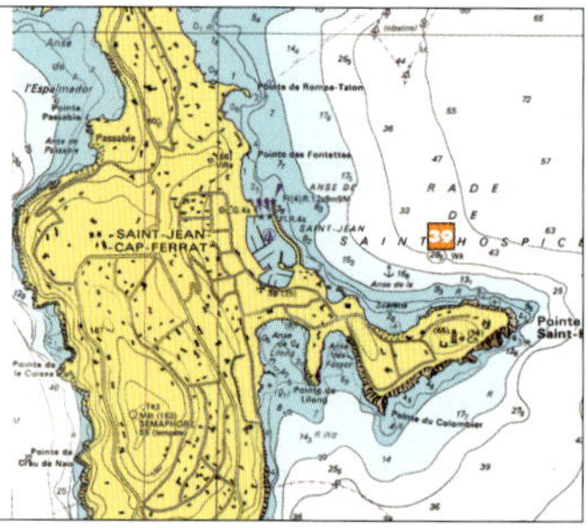

D'après la carte du SHOM n° 7200 S

Ponte de nudibranche •

Niveau requis
Niveau II.

Conditions
Site abrité du mistral et du vent d'ouest, mais balayé par le vent d'est. Il vaut mieux ressortir sous le bateau, la zone étant très fréquentée par les plaisanciers en été.

Accès
Par bateau ou à pied (à partir de la pointe située après l'anse de la Scaletta, mais il faut connaître les lieux).

De ce yacht, qui gît depuis une vingtaine d'années au nord de la presqu'île de Saint-Hospice, il ne reste qu'une partie de la coque en bois, très aplatie, et les éléments métalliques. La vase étant très volatile, il vaut mieux éviter de trop palmer. Un gros mérou fréquente le secteur et de beaux congres y ont élu domicile. Le but principal de cette plongée est de leur amener des sardines (est-ce bien utile ?). Attention aux doigts, car le congre – pratiquement aveugle – aspire sa nourriture. Il arrive également qu'on rencontre des raies torpilles, qui ont la particularité d'émettre de l'électricité grâce à des accumulateurs placés sur leur dos. En partant du bord, nous avons trouvé une raie manta morte, échouée sur les rochers de l'anse de la Scaletta. Il faut savoir que les mantas, comme les grands blancs, sont présentes en Méditerranée. Nous avons d'ailleurs eu l'occasion de voir un carcharodon (grand blanc) hors de l'eau en Corse. Ce poisson, pris dans des filets de pêcheur, mesurait 5 m et pesait 1,5 tonne et il avait avalé un dauphin de 50 kg… Plutôt impressionnant !

Plongeuse *parmi les sars* •

Flore de notre région

Grande nacre *dans un herbier de posidonie* (Posidonia oceanica) •

La flore – comme la faune – comprend tout d'abord une vie planctonique : le phytoplancton est en effet composé d'algues microscopiques qui, lorsqu'elles sont abondantes, donnent une couleur verte à l'eau de mer. Il existe trois sortes d'algues :

– Les chlorophycées, ou algues vertes, comme les codiums (appelées aussi algues en boules), les caulerpes (endémiques ou importées) et les laitues de mer, apprécient les sites légèrement pollués. Ces algues ont besoin d'une exposition plein soleil pour se développer.

– Les rhodophycées, ou algues rouges, comme les peyssonnelias et les liagores, ne nécessitent pas une lumière directe et se trouvent dans les sous-plombs et les entrées des grottes, même près de la surface.

– Les phaecophycées, ou algues brunes, comme les cystoceires et les padines, sont particulièrement abondantes et vivent près de la surface.

Enfin, il ne faut pas oublier les plantes à fleurs, comme les cymodocées et les zoostères, la principale étant néanmoins la posidonie. Celle-ci est indispensable à la vie en Méditerranée : non seulement elle produit de l'oxygène, mais encore elle sert de nurserie et de support pour d'autres espèces vivantes.

CAP ESTEL - MENTON

Le fort à l'entrée du port de Menton •

LA POINTE CABUEL

40

Un tombant, un sec et une faille accessibles à tous

Entre la pointe Saint-Hospice et le cap Martin, la côte offre de nombreuses plongées. La pointe Cabuel et les sites alentours sont très agréables à explorer. Attention : pour plonger dans les eaux monégasques, une autorisation est nécessaire.

Localisation GPS
(Sec Cabuel)
N 43° 43′ 06.1″
E 07° 22′ 41.8″
(Pointe Cabuel)
N 43° 43′ 03.5″
E 07° 22′ 28.0″
Système WGS 84
H DD MM SS.S

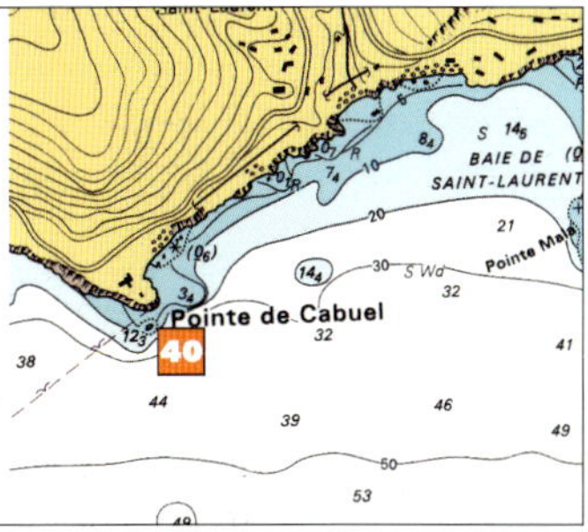

D'après la carte du SHOM n° 6863 S

Pour atteindre la pointe Cabuel (appelée aussi « cap Estel » par les plongeurs locaux), comptez 45 minutes en bateau depuis Nice ou Menton. Dominé par le nid d'aigle d'Èze – à l'origine un oppidum celto-ligure (village fortifié sur un piton) – perché à 427 m au-dessus de la mer, le site se compose d'un petit cap et d'un îlot qui émerge à 25 m environ de la côte. Sur la partie de l'îlot située face au large, un tombant parsemé de trous et habillé de gorgones bleues descend jusqu'à 30 m, fréquenté par des sars, des chapons, des serrans, etc. Au pied de ce tombant, de nombreuses coquilles vides de turbot (*Astralium rugosum*) jonchent le sable, en particulier leurs opercules, appelés « œil de sainte Lucie », que certains s'amusent à percer pour réaliser des bijoux. Sur la face ouest de l'îlot, vous découvrirez une cheminée, dans laquelle il est impossible de se faufiler, ainsi qu'une faille dont l'entrée se trouve à environ 25 m de profondeur et qui remonte jusqu'à 8 m. En fin d'hiver et au début du printemps, des loups viennent y chasser de petits mulets et autres mets de choix. Plus à l'est, face à la plage Pissarelles, un petit sec relativement abrité des vents et moins fréquenté que la pointe Cabuel permet d'effectuer une plongée sympathique entre 15 m et 25 m de fond.

Le loup *des Méditerranéens n'est autre que le bar des Bretons •*

La faille *du cap Estel •*

Niveau requis
Tous niveaux.

Conditions
Site exposé au vent d'est.

Accès
Par bateau.

LE CATALINA NQ19 41

Un hydravion qui n'a pas su flotter...

Il est possible que ce site soit prochainement interdit, car le futur agrandissement du port de Monaco imposera de mettre l'épave du Catalina dans l'axe du chenal d'accès. Un accord franco-monégasque permettra-t-il de déplacer l'épave en direction du cap Martin ?

Localisation GPS
N 43° 44' 28.4"
E 07° 26' 55.1"
Système WGS 84
H DD MM SS.S

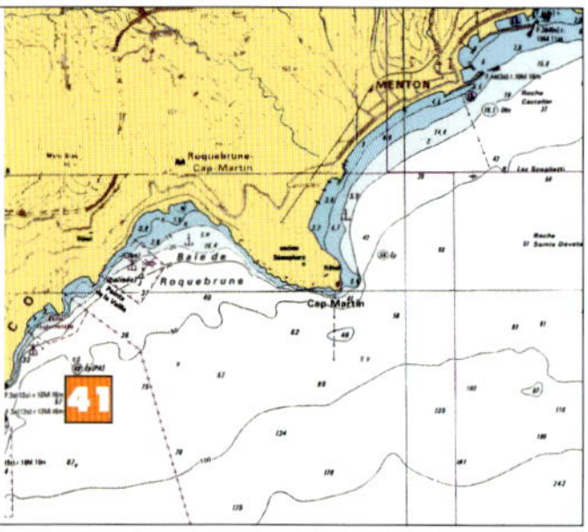

D'après la carte du SHOM n° 6863 S

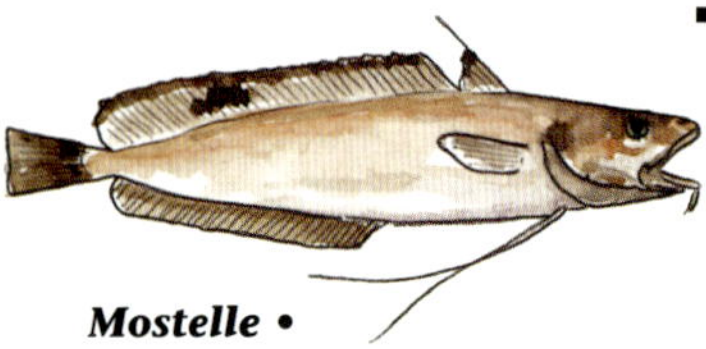

***Mostelle* •**

Niveaux requis
Niveau III.

Conditions
Site ouvert à tous les vents et très sensible au vent d'est.

Accès
Par bateau.

Hydravion de reconnaissance maritime construit par les Américains, cet appareil a été utilisé pour des missions civiles par de nombreux pays dès la fin de la Seconde Guerre mondiale. Après avoir reçu un refus d'amerrir à Nice, le pilote du *Catalina* a tenté sa chance en territoire maritime monégasque, en dépit d'une forte houle. Bien que l'amerrissage ait réussi, l'hydravion a coulé après avoir embarqué de l'eau. Il repose actuellement par 55 m de fond sur du sable coquillier. Retourné, mais intact, l'appareil ne présente aucune concrétion : seules quelques petites gorgones blanches s'y sont fixées. Cette épave est une aubaine pour les nombreux poissons qui y trouvent refuge, en particulier des mostelles. Même si l'épave est située à la limite des eaux monégasques, il est préférable de prévenir les autorités de la Principauté si vous prévoyez de plonger sur ce site.

Le Catalina, *toujours intact, repose par 55 m de fond* •

LA CHEMINÉE

42

Du baroque dans les palmiers

Situé entre 12 m et 20 m d'eau, ce site est constitué d'un plateau, d'un petit tombant et, à la base de celui-ci, d'une grotte qui remonte de quelques mètres en prenant la forme d'une cheminée. Prenez garde au passage étroit dans la cheminée…

Localisation GPS
N 43° 45′ 06.7″
E 07° 28′ 20.2″
Système WGS 84
H DD MM SS.S

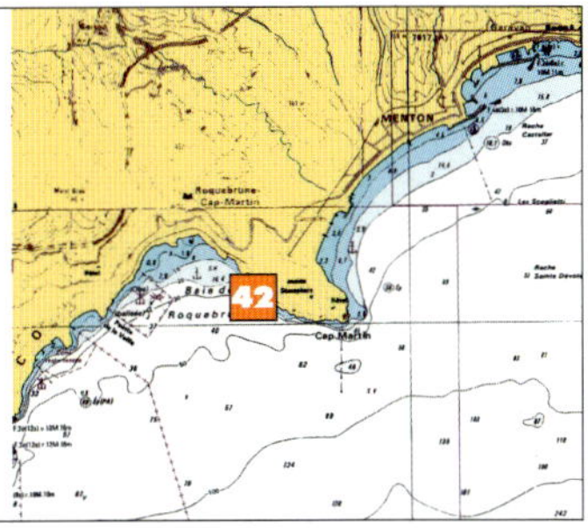

D'après la carte du SHOM n° 6863 S

Étoile de mer glaciaire *déambulant au milieu des algues brunes •*

Le mouillage s'effectue près du bord, par 12 m d'eau. Un petit tombant de 7 m à 8 m de haut amène à 20 m de profondeur sur du sable clair: c'est là qu'une petite grotte, terminée par une cheminée qui remonte jusqu'à 14 m, s'offre à la visite.
Le tombant, troué comme une éponge à cet endroit, permet une balade agréable sur un fond tapissé de posidonies et de taxifolia… Des blennies (*Blennius gattorugine*) se nichent également sous les pierres, tandis que des étoiles de mer polaires (*Mathasterias glacialis*) déambulent grâce à leurs milliers de ventouses ambulatoires. Les cavités, tapissées d'algues encroûtantes rouges et de faux corail (*Miriozum truncatum*), sont souvent habitées par de petits sars. Attention toutefois: la cheminée, bien qu'assez large, permet le passage d'un seul plongeur. Prudence donc pour les guides de palanquée.

Niveau requis
Tous niveaux.

Conditions
Site ouvert au vent d'ouest.

Accès
Par bateau.

Une blennie *au regard interrogateur •*

LES PIERRES TAILLÉES

43

Des blocs d'un autre âge

Avec le temps, les caulerpes ayant fait leur œuvre, ces pierres taillées sont désormais entièrement recouvertes. D'où viennent-elles, quelle était leur destination ? Nous espérons le savoir un jour.

Localisation
Sur la face ouest du cap, 70 m à droite de grandes arcades rouges très reconnaissables, vous repérerez aisément 3 marches au ras de l'eau. Le site se trouve juste en face.

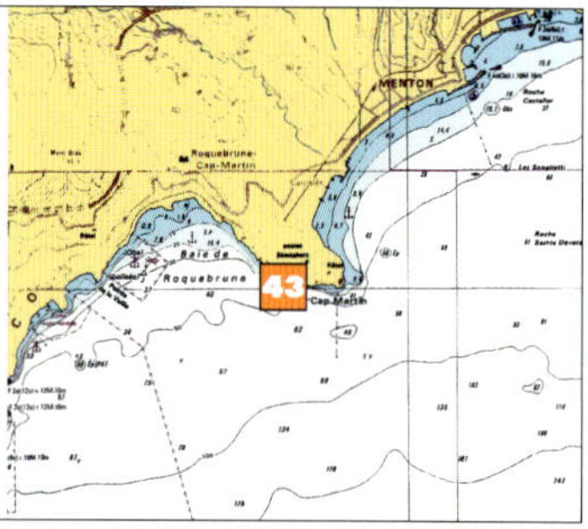

D'après la carte du SHOM n° 6863 S

Des pierres taillées *d'environ 1 m de haut •*

Niveau requis
Tous niveaux pour le plateau et le tombant.

Conditions
Site ouvert au ponant et peu protégé du vent d'est.

Accès
Par bateau.

Découvert il y a plus de vingt ans par un plongeur de Menton, ce site se trouve sur la face ouest du cap Martin. Au pied du tombant, vers 30 m de profondeur, des pierres taillées de formes variées s'offrent à votre curiosité, parmi lesquelles des blocs rectangulaires mesurant environ 1 m sur 30 cm. Il se peut que ces éléments aient servi de lest de cale. Cependant, ces vestiges sont maintenant difficiles à repérer, car ils sont complètement recouverts de taxifolia. Cette algue, introduite accidentellement en Méditerranée – et par ailleurs très esthétique –, vit au détriment de la faune et de la flore, y compris les posidonies. Malheureusement, elle n'a pas de prédateurs. Faudrait-il en introduire ? Question très délicate…

Petit mérou *dans la taxifolia, près du site des pierres taillées •*

LE SEC À CHAPONS

44

Le royaume des filtreurs

Cet endroit aurait pu s'appeler « le sec aux filtreurs », tant la densité d'ascidies et autres éponges y est importante. Recouvertes d'un nuage d'anthias, les deux roches valent ainsi leurs coups de palmes, même si leur architecture est plutôt banale.

Localisation GPS

N 43° 44' 45.9"
E 07° 28' 28.2"
Système WGS 84
H DD MM SS.S

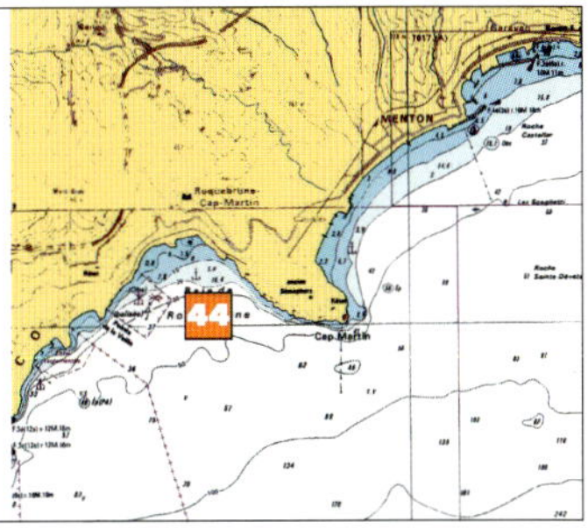

D'après la carte du SHOM n° 6863 S

***Une éponge** en train de filtrer son repas •*

Le site, dont la profondeur varie entre 45 m et 49 m, est constitué de deux roches plates criblées de trous (la plus importante mesurant environ 20 m de long sur 10 m de large) et séparées par une langue de sable. La densité et la taille des éponges noires (*Cacospongia cavernosa*), habitées parfois par une sorte de petite blennie, y sont vraiment surprenantes. Les éponges jaunes (*Aplysina cavernicola*) et roses (*Haliclona rosea*) sont également très nombreuses, formant même un tapis par endroits. En outre, vous apercevrez peut-être des éponges oreilles d'éléphants (*Calyx nicaeensis*), plutôt rares dans notre région. Cette concentration d'éponges est sans doute due à des courants favorables aux filtreurs, en raison de leurs apports nutritionnels : vous noterez aussi l'abondance des ascidies rouges et des violets. Côté ouest, de superbes gorgones bleues abritent des avicules hirondelles (*Avicula hirundo*) suspendues par leurs byssus aux ramifications, tandis que quelques gorgones blanches (*Eunicella verrucosa*) ponctuent le tableau. Si les chapons ne sont pas souvent au rendez-vous, le lieu est fréquenté par des anthias, parfois effrayés par des dentis ou des pagres ; de gros serrans-chevrettes se faufilent entre les pierres et, dans les trous, cohabitent congres, murènes, mostelles et galathées.

Niveau requis

Niveau III.

Conditions

Site ouvert à tous les vents. Plongée à effectuer par temps calme.

Accès

Par bateau.

***Une galathée** attendant la nuit pour quitter son trou •*

LE TOMBANT DU CAP MARTIN

45

Appelé aussi « tombant de l'est »

Situé sous le Grand Hôtel du Cap, ce tombant permet plusieurs sorties. Quelques plongeurs y ont fait des rencontres inattendues autant que spectaculaires. Des centrines ont en effet fréquenté le lieu, tandis qu'une lamproie très amoureuse refusait de se séparer de son plongeur préféré…

Localisation GPS
N 43° 44' 54.7"
E 07° 29' 07.0"
Système WGS 84
H DD MM SS.S

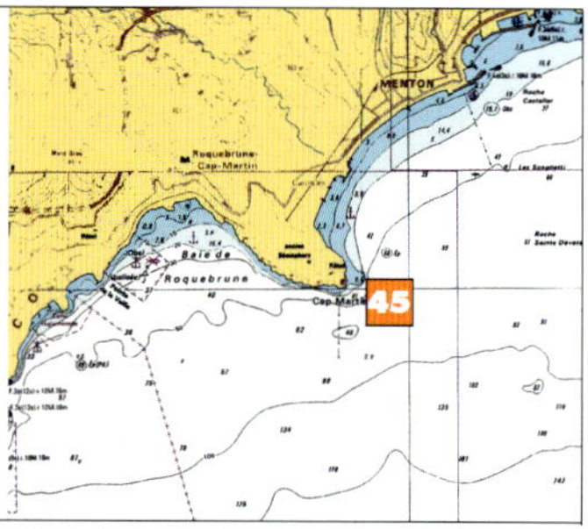

D'après la carte du SHOM n° 6863 S

Niveau requis
Tous niveaux.

Conditions
Sites ouverts à tous les vents.

Accès
Par bateau.

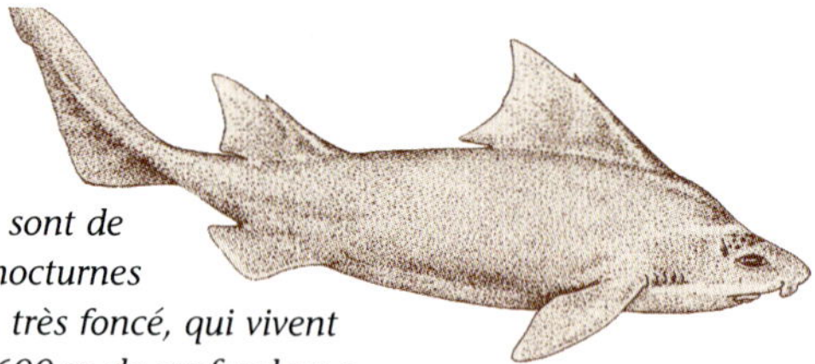

Les centrines *sont de petits requins nocturnes gris ou marron très foncé, qui vivent entre 60 m et 600 m de profondeur •*

La pointe du cap Martin comprend un beau tombant sur lequel de nombreux petits trous sont habités par les poissons de roche. La roche descend jusqu'à 45 m de profondeur sur du sable coquillier, avant de continuer en pente douce. À 70 m au sud de la piscine du Grand Hôtel du Cap, une statue de la Vierge est immergée par 15 m de fond, tandis qu'à 32 m, une croix matérialisée par deux poutrelles d'acier, désormais concrétionnées et couvertes d'algues, consacre le lieu depuis 1977 ; un mariage y a d'ailleurs été célébré cette année-là. À 100 m de la piscine de la Résidence du Cap, en allant vers le sud, un autre tombant, parsemé de gorgones rouges, descend à 36 m de profondeur, promesse de nombreuses rencontres : roussettes, murènes, congres, langoustes, labres-merles, voire (autour de juillet) quelques daurades de belle taille. Sur la face orientale du cap Martin, à 200 m du bord et environ 10 m de profondeur, de gros spirographes et de belles nacres (*Pinna nobilis*) se nichent dans un plateau de posidonies. Vers l'est, enfin, un troisième tombant en pente douce atteint 42 m de fond. Dans les rochers qui parsèment la descente, vous trouverez peut-être des homards et, avec de la chance, des poissons-lunes de passage.

Une daurade *attirée par le photographe •*

LE HEINKELL III

46

Un vestige de la guerre de 39-45

Le *Heinkell 111* est un bombardier bimoteur construit à plusieurs milliers d'exemplaires par les Allemands pendant la Seconde Guerre mondiale. Il semblerait que cette épave, retournée et partiellement ensablée, soit le seul appareil de ce type retrouvé quasiment intact.

Localisation GPS
N 43° 45′ 19.2″
E 07° 29′ 42.7″
Système WGS 84
H DD MM SS.S

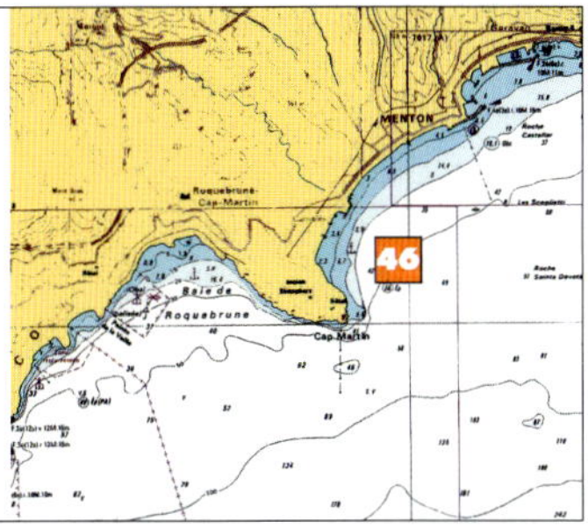

D'après la carte du SHOM n° 6863 S

L'avion repose sur le dos par 60 m de fond sur du sable coquillier, à l'est du cap Martin. L'empennage arrière étant recouvert d'un filet de pêche à mailles assez fines, attention aux fils de pêche dans lesquels vous risquez de vous prendre le pied comme dans un collet… Cet avion est un *Heinkell 111* type H6, équipé pour transporter des torpilles et capable de franchir jusqu'à 2 800 km de distance. Basé en France, il s'est abîmé en mer, à court de carburant, au retour d'une mission effectuée en 1944. L'équipage a réchappé de justesse à l'accident, mais a été capturé par la Résistance sur la côte ouest du cap Martin. Les 12 cylindres en ligne d'un des moteurs sont bien apparents et la verrière avant est encore pratiquement intacte, avec son canon de 20 mm. La porte de roue du moteur droit a dû sauter lors de l'amerrissage forcé, ce qui laisse apparente la roue du train d'atterrissage. Les abords de l'épave attirent des capelans et des anthias, tandis que des homards et des congres se sont installés à l'intérieur (regardez dans la queue de l'appareil, juste après l'empennage). De temps en temps, des mostelles trouvent refuge sous les ailes ou dans les logements des moteurs.

***Le capelan,** un hôte familier des épaves •*

Niveau requis
Niveau III (site réservé aux plongeurs chevronnés).

Conditions
Site très exposé et plongée difficile (eau souvent très chargée).

Accès
Par bateau.

***Le Heinkell 111** •*

LA ROCHE SAINTE-DÉVOTE

47

Un site à se mettre à genoux

La roche Sainte-Dévote est située à environ 1,5 mille plein sud du port de Menton. L'intérêt de ce vaste plateau, exempt de corail et sur lequel est fixée une maigre faune, est très inégal. Sous réserve d'interdictions provisoires, les Scoglietti au nord, la Source à l'est et la Mortola en Italie, offrent d'autres lieux de plongée attrayants.

Localisation GPS
N 43° 45' 20.5"
E 07° 31' 12.4"
Système WGS 84
H DD MM SS.S

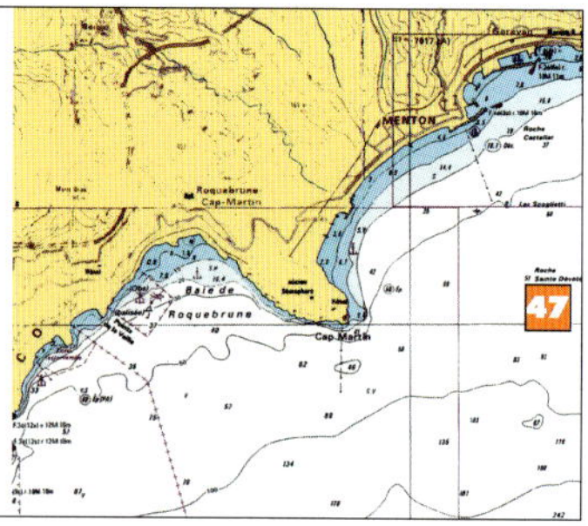

D'après la carte du SHOM n° 6953 S

***Liche** (un autre poisson bleu, la sériole, est souvent appelé « liche », à tort) •*

Niveau requis
Niveau III.
Ce site se trouve à la limite autorisée de la plongée sportive effectuée aux tables MN 90.

Conditions
Site très exposé aux vents et aux courants. Visibilité parfois médiocre.

Accès
Par bateau.

***Sur la roche Sainte-Dévote,** des gorgones de très grande taille •*

Ce site comprend trois types de reliefs. La partie la plus intéressante est le très vaste plateau, composé de roches éparses, qui culmine entre 54 m et 60 m de profondeur. Ces pierres de formes très tourmentées reposent sur du sable coquillier et abritent parfois des galathées et des mostelles. Dans cette zone, vous trouverez tout à la fois de très belles gorgones bleues, jaunes et blanches. La faune est cependant assez pauvre sur l'ensemble du plateau. Il est possible d'y rencontrer quelques liches, mais la visibilité parfois réduite ne facilite pas leur localisation. La deuxième partie, située au sud, est constituée d'une pente douce de sable vaseux qui descend à plus de 70 m. Enfin, le secteur nord/nord-est présente un tombant très court qui va au-delà de 70 m de profondeur; malheureusement, même ici, le corail ne se fixe pas (peut-être à cause du courant).

La pieuvre

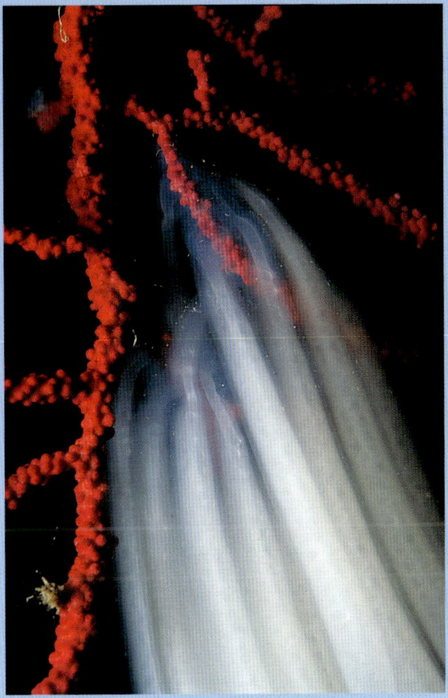

Œufs de poulpe *fixés aux gorgones* •

Seiche •

N'en déplaise à Victor Hugo, la pieuvre (*Octopus vulgaris*) – appelée poulpe dans notre région – n'est pas le monstre sanguinaire qu'il s'est attaché à décrire. Cet octopode (huit pieds), qui pèse en moyenne 1 kg pour 1 m d'envergure – certains rares spécimens pouvant atteindre 5 kg pour 3 m d'envergure –, est au contraire timide et curieux, et il peut faire montre d'une certaine intelligence. Bien qu'il développe une activité plutôt nocturne, on peut le voir parfois hors de son trou (appelé aussi « maison ») au cours de la journée. Il ferme l'entrée de son logis à l'aide des divers éléments à sa disposition : coquilles d'ormeaux, cailloux, etc. ; il est d'ailleurs fréquent de rencontrer des poulpes archéologues… Ses mets préférés sont les crustacés (crabes, langoustes à l'occasion), les ormeaux, mais aussi les poissons. Pour se nourrir, il recouvre ses proies de ses tentacules, puis les amène à portée de son bec, semblable à celui d'un perroquet ; il les déchiquette alors et les ingère par petits morceaux. Prédateur vorace, le poulpe fait lui-même les délices des murènes, des congres, des mérous et même des grandes roussettes. Le tableau est alors plutôt surréaliste, car des tentacules sortent des branchies de ce petit requin. Le poulpe mâle féconde la femelle à l'aide d'un tentacule qui se modifie à la saison des amours. Après la ponte, celle-ci s'occupe seule de ses œufs, fixés au plafond d'une anfractuosité. Pendant l'incubation, elle les ventile sans se nourrir, afin de ne pas polluer l'eau de sa maison ; c'est pourquoi beaucoup de poulpes femelles meurent pendant cette période. En dehors de ce cas particulier, les poulpes vivent de 3 à 5 ans.

Dans la famille des céphalopodes, les eaux méditerranéennes abritent également des seiches, en particulier au printemps. Celles-ci ont une vie grégaire et essentiellement pélagique ; néanmoins elles fréquentent aussi les petits fonds où il arrive qu'elles s'enfouissent dans le sable. Il est plus rare de croiser des calmars, sauf parfois la nuit, alors qu'ils chassent à la surface et même près du bord.

RÉGLEMENTATION

Lorsque nous mentionnons dans cet ouvrage une plongée accessible à « tous niveaux », vous devez bien évidemment respecter les profondeurs autorisées en fonction des différents niveaux :

- Débutants (encadrés par P 4 minimum) :
Espace proche : de 0 m à 6 m de profondeur.
- Niveau I (encadrés par P 4 minimum) :
Espace médian : de 6 m à 20 m de profondeur.
- Niveau II (encadrés par P 4 minimum) :
Espace lointain : de 20 m à 40 m de profondeur.
Dans des conditions favorables, les espaces médian et lointain peuvent être étendus dans une limite de 5 m.
- Niveaux III et supérieur :
Jusqu'à 60 m de profondeur – voire 65 m, en cas de dépassement accidentel (tables MN 90).

(Source : Journal officiel de la République française du 6 septembre 2000 ; ministère de la Jeunesse et des Sports, arrêté du 22 juin 1998, modifié le 28 août 2000.)

En cas de problème de plongée, appeler le CROSS MED, canal 16 (VHF) ou le 112 (portable).

Nous tenons à préciser que les points GPS, aussi précis soient-ils, doivent être confirmés par un sondeur. Nous sommes persuadés que la plongée la plus sûre, la plus conviviale – et donc la plus réussie – se fera en club… et les bons clubs ne manquent pas sur la Côte d'Azur.

Météo
Pour les prévisions plages ou mer, composer le 08 92 68 08 06 ou minitel 3615 METEO.

Directeur : Gilbert GRISONI
Responsable d'édition : Patricia BONJEAN

Infographiste : Patrick DELHEZ
Directeur artistique : Stéphane BAILBY

ISBN 2-903574-79-0

Achevé d'imprimer en juillet 2003
par Imprimix, Nice

Éditions Gilletta•nice-matin®
5, rue Michel-Ange – 06100 Nice
Tél. 04 92 07 94 94 – **Fax** 04 92 07 94 92
e-mail edgilletta@cote-dazur.com

REMERCIEMENTS

Nous tenons à remercier ici tous les plongeurs et amis qui non seulement nous ont amenés sur les différents sites de plongée décrits dans cet ouvrage, mais nous ont également fourni les points GPS et décrit les zones les plus intéressantes, afin que nous puissions parfaitement les localiser :
– Willy Kléparski, Pierre-Emmanuel Durand (alias Pim) et Jean-Marc Grenier, de la section Plongée de Cannes Jeunesse, pour la zone de Cannes ;
– Claude Bourgeois, de la section Plongée de l'ASC Nice, pour la zone du cap d'Antibes ;
– Éric Gallian, Stéphane Clerc et Éric Dulière, du club Anao, pour la zone du cap Ferrat ;
– Michèle Tourette (dite Mimi), William, José, Franck, Jean-Loup, de Télémaque Plongées Roquebrune-Cap Martin, pour la zone du cap Martin.

CRÉDITS PHOTOGRAHIQUES

Patrick Fixois, Michel Grisez, William Kléparski, Jean-Louis Ferreti.
Illustrations : Monsieur Massuti.
© SHOM 2003 - Cartes du service hydrographique et océanographique de la marine (SHOM) www.shom.fr : SHOM, cartes marines et ouvrages nautiques officiels. Autorisation de reproduction n° 201/2003.

Dans la même collection « Les Petits Gilletta »

- **Nice, paysages en mouvement**
Caroline **Mollie**
- **Flâneries dans le Vieux Nice**
Catherine **Ungar** et Marcelle **Vialle**
existe en anglais
- **Histoire de Nice et son comté**
Tristan **Roux**
- **Les lacs du Mercantour**
Claude **Raybaud**
- **Petits ports de pêche Provence & Riviera**
Marie **Silvioni** et Sébastien **Verdière**
- **Recettes et produits**
Marie **Silvioni** et Sébastien **Verdière**
- **Saint-Paul, le village inspiré**
Jacques **Gantié**
existe en anglais
- **Pique-niques dans les Alpes-Maritimes**
Tristan **Roux**
- **Sommets en famille, dans les Alpes-Maritimes**
Tristan **Roux**
- **20 balades autour de Marseille**
collectif
- **20 balades avec vue sur mer**
collectif
- **20 balades des Alpilles au Ventoux**
collectif